우리 회사
헌법 만들기

JN396828

우리 회사 헌법 만들기
ISBN 979-11-969765-8-3 (종이책)
ISBN 979-11-969765-9-0 (eBook)

2021년 12월 27일 1판 1쇄

가격 14,400원

글	조현익
협력 편집	박소현
디자인	조현익(스튜디오 하프-보틀)
인쇄·제책	필커뮤니케이션
펴낸 곳	**스튜디오 하프-보틀**
	www.half-bottle.studio
	hello@half-bottle.studio
	instagram @studio.half_bottle
출판등록	2019년 8월 14일
	제 2019-000228호

이 책은 제작 과정에서 마포출판문화진흥센터 PLATFORM-P가 진행하는 크라우드펀딩 지원사업의 도움을 받았습니다.

이 책은 〈저작권법〉에 따라 보호받는 저작물이므로 무단전재와 무단복제를 금합니다. 이 책 내용의 전부 또는 일부를 이용하려면 반드시 저작권자와 스튜디오 하프-보틀의 서면동의를 받아야 합니다.

이 책은 크라우드펀딩 플랫폼 텀블벅tumblbug을 통해 출판에 필요한 비용을 후원받아 제작되었습니다. "일 잘하고 평등한 스타트업에겐 '헌법'이 필요하니까."라는 프로젝트 제목으로 2021년 10월 20일부터 11월 20일까지 진행한 펀딩에서 총 99건의 후원을 받았으며, 두 권을 수령하는 경우에는 두 명의 이름을 기입하도록 하여 122명의 후원자 성함을 수합했습니다.

후원하신 분들은 아래와 같습니다. 진심으로 감사드립니다.

감자전	걍뚤뚜	강보혜	구-사장 돈 벌자	구름이
김도헌	검동환	김문기	김민석	김빵린
김서롱	김설	김영랑	김창인	김현호
김희준	김 ove	남훈식	두호	딸세포
라비츠 김슨 원대표	릴렉스	메이	미래의 CEO	민트매니아
박권희	박기태	박예휘	박주연	박진서
배소녀	백구열	뱁새와 친구들	봄날의곰	비로컬 김혁주
샤이니즈백	서정임	손정림	송근영	숲
스픽	시사로운	ㅇㅇ	아무도아니오	안수아
안연정	에이비	엘리프	예주링	오승재
오승개	오현주	유기농펑크	을	이기원
이상할자유를허하라	이세동	이슬기	이슬기	이십오
이윤디	이정미	이정은	이제경	이준
이채영	이하늘	이호인	임병훈	임수민
임신규	자연인	잠만보 속눈썹	장주윤	장태린
전가탐	전진형	정서연	정수경	정운설
정의 이정미	정재인 대표	조영권	조영권	조현익팬클럽(준)
조혜딘	주세연	주식회사 엔컴페니언	쥰세린이	즈믄밤
지아쵸이	진한결	집권정당정의당	참깨	최윤혜
최참	최태건	쵸우	토토	파인드마인
펭도	평화공원	하준호	해미	해와
햄스터더장	황연주	휘향찬란	AnBn	BIAS를 뒤집는 SAIB
HANS	jjun	ONUERE		Pactum Private Equity
Ratatam	Seo yu	slowpanda	(5명의 익명)	

생각 1.	책을 시작하며: 나의 세상을 처음 만들 때 (조현익)	6
제1장.	**회사에 민주주의 들여오기**	**8**
	그런데 왜, 회사에서 민주주의가 작동해야 하지?	10
	민주주의 헌법의 기능과 역할	13
	우리는 이렇게 헌법을 '프로그래밍'할 겁니다	15
생각 2.	우리의 일상을 차지하는 헌법 (장혜영)	18
제2장.	**프로그램 설계하듯 헌법 내용 고민하기**	**20**
	헌법 프로그래밍의 각을 잡기	22
	회사의 목적	24
	회사와 구성원 정의하기	28
	구성원 사이의 계약	31
	회사의 정책	36
	회사의 의사결정기구	42
	회사의 행정, 감사 및 징계기구	46
	법인인 회사의 헌법과 한국 법률체계	53
생각 3.	원리, 원칙, 기준, 가치 (차우진)	56
제3장.	**참고할 수 있는 예시 문헌들**	**58**
	민주주의 운영 국가의 헌법	61
	유엔 헌장, 세계인권선언, 권리에 관한 국제규약	80
	한국 정당의 강령과 당헌	88
	외국 정당의 강령	90

생각 4.	회사의 행동 강령 code of conduct (조소담)	100
제4장.	**코드 짜듯 헌법 작성하기**	**102**
	헌법 내용에 대한 의견 수합하기	104
	구조 짜기	106
	강령 작성하기	109
	의견 수합하기 (다시)	111
	내용을 조문으로 바꾸기	112
	의견 수합하기 (아니 자꾸?)	114
	'에러 디버깅'	115
	잘 보이는 곳에 두기	117
	유지보수 = 의견 수합하기 (끝없이 계속해서)	119

	제9장. 기본코드와 강령의 개정	C66
	제8장. 법인 전환, 합병, 분리, 또는 해산	C65
	제7장. 기본 정책	C51
	제6장. 징계기구	C46
	제5장. 행정기구	C42
	제4장. 입법 및 의결기구	C37
	제3장. 노동과 관련한 구성원의 기본권	C29
	제2장. 스튜디오 하프-보틀 총칙	C26
	제1장. 사회 일반의 보편적 기본권	C20
부록 2.	**스튜디오 하프-보틀 기본코드**	**C18**
	3. 스튜디오 하프-보틀이 추구하는 목표	C12
	2. 디자인의 위치, 디자이너의 위치	C8
	1. 스튜디오 하프-보틀이 보는 사회와 디자인의 변화	C3
부록 1.	**스튜디오 하프-보틀 선언**	**C3**

(부록은 이 책의 뒤표지부터 순서대로 읽으실 수 있습니다.)

2019년, 다니던 직장을 퇴사하자마자 디자인 회사를 창업하기로 마음먹었습니다. 언젠가 내 회사를 만들 거라는 건 알았지만 이렇게 빠를 줄은 몰랐습니다. 사무 공간을 마련하고 사업자등록을 한 것까진 좋았는데 여전히 의문이 들었습니다.

나는 왜 내 회사를 만들었지? 이 회사는 무엇을 위한 회사인가? 내 영리를 충족하면서 자아실현도 가능한 회사를 만들 수 있을까?

창업은 회사라는 하나의 세상을 만드는 일입니다. 단군왕검이 하늘을 열어 나라를 세우고 한국 사회를 처음 일구었다는 신화처럼 말이에요. 나와 내 동료, 직원, 고객, 투자자, 협력업체 등은 이 새로운 세상을 바탕으로 관계를 맺고 각자의 삶을 살아갑니다. 이런 과정이 잘 작동하지 않을 때 우리 노동자 모두는 "내가 속한 세상(회사)은 어딘가 이상한 것 같아!"라며 '현타'를 종종 느낍니다. 그리고 세상은 원래 그런 곳이라며 쓴웃음을 짓고 회사와 상사를 조용히 욕합니다.

그런데 이제 제가 그 욕먹는 자리에 서게 되었습니다. 인간을 잘 대하면서 우리 능력을 최고치로 끌어올릴 세상(회사)을 지금부터 만들어야 합니다. 우리는 어쩌다 이런 어마어마한 일을 벌였을까요. 대체 무엇을 위해서? 우리는 어떤 사람들과 어떤 일을 하면서 어떤 삶을 살고 싶은 것일까요?

생각 1.
책을 시작하며: 나의 세상을 처음 만들 때

조현익, 스튜디오 하프-보틀 대표

이 책은 이런 고민을 하는 사람들을 위한 일종의 가이드북입니다. 스튜디오 하프-보틀은 2019년에 창립하면서 회사 '헌법'을 만들었습니다. 스튜디오 하프-보틀이 바라보는 세상과 추구하는 목표를 적은 '스튜디오 하프-보틀 강령', 그리고 이를 실현하기 위해 지켜야 할 규칙을 담은 '스튜디오 하프-보틀 기본코드'가 그것입니다. 이처럼 여러분은 지금부터 자기 회사의 '헌법'을 만들 것입니다.

내가 속한 회사, 이 거대한 세상이 작동하는 원리를 함께 고민해봅시다. 여러분의 회사가 어떤 목표를 가지고 어떤 사업을 하는지, 회사 내부 구성원이나 외부 사람들과는 어떻게 지내는지, 의사 결정은 어떻게 하는지, 회사에서 일하면서 어떤 약속을 지킬 것인지 함께 고민해봅시다. 그리고 그 내용을 '헌법'이라는 글로 남겨봅시다. 이 과정을 통해 여러분은 회사의 목표와 지향점을 동료들과 함께 찾아낼 것입니다.

당신의 조직이 회사(영리기업)여도 좋고 아니어도 좋습니다. 당신이 조직의 리더라면, 또는 리더가 아니더라도 이 책을 잘 살펴보세요. 구성원들과 함께 '헌법'을 만드는 과정은 즐거우며, 또 각자 바라는 조직의 모습을 함께 고민하면서 더 활기차고 건강한 조직을 만들 수 있게 됩니다. '헌법'을 통해 여러분에게 좀 더 적합한 조직을 만들어서 여러분이 추구하는 삶을 조직 안에서 구현할 수도 있습니다.

제가 운영하는 회사 '스튜디오 하프-보틀'이 헌법을 제정하던 과정을 되돌아보며 여러분의 회사에서도 헌법을 만들 수 있는 가이드를 만들었습니다. 이 책을 통해 여러분과 여러분의 동료들이 영리를 충족하면서 동시에 자아실현도 할 수 있는 회사를 만들 수 있기를 바랍니다.

제1장.
회사에 민주주의 들여오기

(어째서 헌법?)

《민주주의는 회사 문 앞에서 멈춘다》(우석훈, 한겨레출판, 2018)라는 책이 있습니다. 이 책의 진단에 의하면, 한국은 엄연히 민주주의 사회인데도 유독 사람들이 직장에서 일할 때는 그런 모습을 찾아보기 어렵다고 합니다. 이 책은 분명한 목적의식 없이 이루어지는 상명하복, 성별과 연차에 따라 궂은일을 떠안으면서 대우받지 못하는 차별, 직장을 자기 마음대로 운영하되 책임은 지지 않는 오너의 행태 등을 조목조목 꼬집습니다. 그리고 그에 대한 대안으로 직장에서도 개인을 존중하고, 자유롭게 의견을 개진하며, 견제와 책임까지 동반할 수 있는 '직장 내 민주주의'를 논의해야 한다고 말합니다.

생각해보면, 한국의 시민들은 자기 자신이 행복할 권리를 인정받는 민주주의 사회를 만들었고, 그 바탕 위에서 번영을 누렸습니다. 그렇다면 회사 안에서도 구성원들이 충분히 존중받는 사회를 만들고 그 안에서 구성원과 회사가 함께 번영을 느리는 것도 가능할 것입니다. 회사는 개인이 하루 8시간의 일상을 살아가는 공간이고, 또 하루의 나머지 시간을 살아가는 데에 필요한 돈을 얻어 가는 공간입니다. 회사가 이처럼 개인에게 중요한 의미가 있는 공간이라면, 그 구성원이 존엄하고 주체적인 일상을 살 수 있도록 회사에도 민주주의 사회를 만들 수 있지 않을까요? 우리는 이런 도전을 해볼 기회를 거의 얻지 못했습니다.

그런데 왜, 회사에서 민주주의가 작동해야 하지?

아직 한국에서는 회사 운영 원리에도 민주주의가 적용되어야 한다는 공감대가 폭넓게 형성되지 못했습니다. 회사라는 조직은 급변하는 환경에 대응해 발 빠르게 움직여야 하기 때문에 '합리적으로 판단할 수 있는' 리더나 투자자에게 의사 결정 권한을 몰아주어야 한다는 생각이 만연해 있습니다. 많은 사람들이 회사에 민주주의 체제를 도입하면 의사 결정 시간만 길어지고 다수가 애매하게 만족하고 마는 그저 그런 생각만 관철될 것이라고 걱정합니다.

이런 걱정은 민주주의를 그저 1인 1표에 기반한 다수결로만 이해하는 데에서 비롯됩니다. 하지만 민주주의는 그게 전부가 아닙니다. 어떤 집단에 속한 구성원民 하나하나가 그 집단의 주인主으로서 대우받는다는 민주民主주의의 뜻을 잘 곱씹어봅시다. 구성원이 주인 노릇을 잘하기 위해서는 여러 장치가 필요하고, 1인 1표라는 제도도 그 수단 중 하나일 뿐입니다. 민주주의가 작동하는 과정을 살펴보면, 이 과정은 회사가 일을 잘하고 성장하는 조직이 되어가는 과정과 똑같음을 알 수 있습니다.

구성원 개인을 존중받아야 하는 하나의 인격체이자 주권자로 인정합니다

유능한 조직이 되기 위해서는 구성원 개인이 일을 잘할 수 있는 여건을 갖추어야 합니다. 이 여건에는 노동조건(임금, 근로시간, 고용 안정성), 노동환경, 구성원 사이의 인간관계, 사내 문화 등이 복합적으로 작용합니다. 요컨대 노동조건이 안정적이지 않으면 구성원들이 개인 생계 문제에 신경이 집중되어 업무를 수행하는 데에 지장이 생기고, 구성원 사이의 인간관계가 수동적이고 억압적인 경우에는 사내 생활이 업무 자체보다 관계 유지에 집중될 위험이 있습니다.

이런 요인들은 민주주의 사회 구성원이 마땅히 누려야 할 권리와 연관되어 있습니다. 충분한 대가를 받고 휴식을 보장받으며 일할 권리, 자아를 가진 개인의 인격과 양심을 지킬 권리, 평등하게 대접받고 존엄을 지키며 생활할 권리 등이 여기에 해당합니다. 회사가 구성원의 민주적 권리를 지키기 위해 노력하는 것은, 곧 구성원이 일을 잘할 수 있도록 촉진하는 것과 같습니다.

구성원끼리 수시로 의사소통하여 정보와 생각을 공유합니다

협업해야 하는 큰 업무를 수행할 때 구성원 간에는 빠르고 정확한 의사소통이 이루어져야 합니다. 이것은 하루아침에 되지 않습니다. 먼저 구성원들은 회사 및 업무와 관련 있는 지식과 정보를 습득하고 있어야 합니다. 또한 평소에도 대화를 통해 업무 관련 정보나 생각을 공유하고, 각 구성원의 업무 성향과 가치관을 이해하고 있어야 합니다.

이런 속성은 민주주의 사회가 추구하는 속성과 일치합니다. 먼저 1인 1표에 의한 다수결 제도는 구성원 사이의 의사소통이 활발해지도록 유도합니다. 내가 원하는 의견이 관철되기 위해서는 반드시 구성원 다수의 지지를 얻어야 하므로, 구성원들에게 자기 의견을 이야기하고 미리미리 그들을 설득해놓아야 합니다. 반대로 소수의 구성원(예를 들어, 주식을 많이 가진 주주)에게 더 많은 결정 권력이 주어지면, 전체 구성원이 아니라 더 많은 권력을 가진 특정 구성원 간의 의사소통만 활성화되어 전체적인 소통이 단절되고 협업 능률이 저하될 수 있습니다.

또 한편으로, 구성원이 주인으로서 의사결정을 할 때에는 관련 정보를 확인하고 스스로 판단해서 결정할 수 있어야 합니다. 따라서 민주주의 사회는 구성원이 합당한 의사결정을 내릴 수 있도록 모든 구성원에게 질 좋은 (공)교육을 제공하고, 중요한 정보를 투명하게 공개합니다. 이것 역시 원활한 의사소통을 가능하게 하는 요소입니다.

집단(회사) 속 문제와 갈등을 빠르게 확인하고 해결합니다

민주주의 사회는 표현의 자유와 언론·출판·학문의 자유를 개인의 당연한 권리로 인정합니다. 이런 사회의 구성원들은 자신이 느끼는 문제와 갈등을 자유롭게 말할 수 있습니다. 문제 해결은 문제를 겪거나 발견한 사람이 이를 드러내는 것에서 시작하고, 갈등 해결은 사람들이 갈등이 존재함을 인정하고 자기 속마음을 솔직히 털어놓는 것에서 시작합니다. 생각하고 이를 표현하는 것을 권장하는 집단은 문제와 갈등을 스스로 해소하고 일을 더욱 잘하게 됩니다.

구성원들이 이 집단(회사)의 주권자로서 함께 연대하고 결속합니다

민주주의가 발달한 국가는 평소에 '여론이 분열되고 단결하지 못해' 나약한 국가처럼 보이지만, 외적이 침입하면 금방 와해되지 않고 끈질기게 버티다가 끝내 외적을 격퇴하는 경우가 많다고 합니다. 주권자로서 보호받고 번영을 누린 시민들이 위기 상황에서는 주권자로서 '내 나라'와 내 권리를 지켜야 한다는 사명감을 가지고 열심히 싸우기 때문입니다. 특히 앞서 살펴보았듯 사회 속 문제점과 갈등을 확인하고 해결하는 과정에서, 주권자는 결속과 연대가 단단해지는 경험을 평소에 미리 쌓아놓습니다.

여기서 국가를 회사로 바꾸고, 중요한 프로젝트를 진행하거나 중대한 위기 상황을 함께 수습해야 할 때를 떠올려봅시다. 자신이 주권자로서 대우받는다고 생각하는 회사 구성원들은 위기 상황에서 더욱 강하게 연대하고 결속해서 뛰어난 능력을 발휘할 수 있습니다.

민주주의 헌법의 기능과 역할

우리는 회사 구성원을 위해, 또 회사가 잘되기 위해, 회사 안에 민주주의를 들여오는 것이 중요하다는 사실을 알았습니다. 이런 민주주의가 어떻게 작동하는지를 각 나라마다 정리해서 설명하는 문서가 있으니, 그것이 바로 헌법입니다.

민주주의 운영 원리에 의하면 모든 인간은 주권자로서 마땅히 행복하고 존엄한 삶을 살 권리가 있습니다. 사회에는 여러 구성원이 섞여 살기 때문에 구성원 모두가 존엄한 삶을 살 수 있도록 약속(계약)을 합니다. 이 약속에는 구성원끼리 어떻게 대우할 것인지, 어떤 행동을 하거나 하지 않을 것인지, 이를 실현하기 위해 각자의 권력을 모아 어떤 정부를 구성하고 어떤 일을 시킬 것인지 등의 내용이 담겨 있습니다. 그 약속을 구성원 모두가 지키도록 글로 남긴 것이 바로 헌법입니다. 회사에 민주주의 운영 원리를 적용한 헌법을 만든다는 것은, 아래와 같은 가치관을 담아 구성원 사이의 약속을 정하는 것입니다.

개인을 존중하며 성장하게 하는 헌법

회사의 구성원인 개인 모두는 자신의 존엄을 지키며 일할 수 있어야 합니다. 여기에는 두 가지 의미가 있습니다. 첫째, 구성원은 일터에서 개인의 양심과 개성과 가치관을 존중받아야 합니다. 둘째, 회사와 구성원은 다른 구성원들이 업무 역량을 키우면서 동시에 자아실현을 하고 또 회사 안에서 즐겁게 협업할 수 있도록 진흥해야 합니다.

회사의 목표와 가치를 소개하는 헌법

모든 회사의 제1목표는 이익을 얻는 것이지만, 이익을 얻는 과정에서 모든 회사는 서로 다른 사업을 통해 서로 다른 가치(보통 재화와 서비스라고 불리는 것)를 창출합니다. 따라서 회사는 자신의 사업, 가치, 그리고 사업을 통해 달성하려는 궁극적인 목표를 대외적으로 드러냄으로써 자신의 정체성을 찾습니다. 구성원들 역시 자신이 속한 회사의 정체성을 공유하고 이에 동의함으로써 좀더 주체적으로 노동할 수 있습니다.

개인과 회사를 위험으로부터 보호하는 헌법

일을 하는 개인 그리고 사업을 벌이는 회사는 언제나 위험에 노출되어 있습니다. 구성원 개인은 다른 구성원으로부터, 회사로부터, 또는 회사 외부의 클라이언트나 고객으로부터 자신의 권리를 침해받을 수 있습니다. 또한 회사는 사업 과정에서 지나치게 큰 위험 부담을 떠안거나 잘못된 의사 결정을 내려서 감당하기 힘든 위기 상황에 맞닥뜨릴 수 있습니다. 이런 위험으로부터 구성원 개인과 회사를 지키기 위해서는 회사를 운영하는 권력과 자원을 어떻게 분배하고 사용할 것인지에 대한 규칙을 정해야 합니다.

자아와 영리를 함께 성취하는 헌법

바로 위에서 이야기한 세 가지 주제를 한 문장으로 줄이면, 결국 '개인의 자아실현과 영리, 회사의 자아실현과 영리를 함께 성취하는 헌법'이 되겠습니다. 구성원들은 노동을 통해 돈을 벌고 자존감을 지켜서 자신이 추구하는 삶을 실현합니다. 한편 회사는 구성원들이 스스로 실현하고 싶은 가치관과 목표를 사업을 통해 이루어냄으로써 영리를 성취하는 과정에서 새로운 자아를 찾게 됩니다.

위와 같은 취지로, 한국에서도 여러 회사들이 회사의 정체성을 문서로써 설명하려는 다양한 시도를 하고 있습니다. 예를 들어, 신입사원에게 웰컴 키트welcome kit를 선물하면서 회사의 목표와 가치관, 회사에서 구성원들이 일하는 프로세스를 설명하는 문서를 함께 읽어볼 수 있게 하는 경우가 있습니다. 한편 구성원들이 함께 회사의 정체성과 목표를 대외에 소개하는 문서를 제작하면서, 그 과정에서 회사가 창출하는 가치와 수익을 내는 방법을 구체화하기도 합니다. 여러분이 회사의 헌법을 만드는 것도 이와 비슷해서, 회사의 정체성을 소개하고 더 나아가 구성원 개인의 정체성까지 소개하는 방법이라고 할 수 있겠습니다.

우리는 이렇게 헌법을 '프로그래밍'할 겁니다

헌법은 회사 구성원들의 생각을 모아 구체화한 글이기 때문에 구성원이 스스로 고민하고 구체적으로 논의하며 주도적으로 행동해야만 번듯한 헌법이 만들어집니다. 따라서 '누구나 쉽게 따라 하는 헌법 만들기 A to Z' 같은 가이드는 제공할 수 없습니다.

이 책은 헌법 제정 과정을 마치 여러 사람이 협업하여 컴퓨터 소프트웨어를 개발하는 것처럼 설명할 것입니다. 실제로 헌법 제정과 프로그래밍의 과정은 상당히 비슷합니다. 스튜디오 하프-보틀이 헌법의 이름을 "기본코드"라고 정한 이유도 여기에 있습니다. 프로그램이나 조직이 구동하는 원리를 논리적으로 짠 텍스트(프로그램 코드/헌법)로 만들기 위해서는,

- 기획 단계에서부터 사람들(프로젝트 개발 팀원/회사 구성원)이 모여서 가열차게 토론하며 프로그램/헌법의 구조를 짜고 그 구조에 맞추어 각자 개발할 부분을 나누고 나서

- 다른 텍스트(기술 설명 문서/다른 나라와 조직의 헌법)를 참고하며 프로그램 코드/헌법을 작성한 뒤

- 피드백을 주고받아 각자의 텍스트를 합치고 수정하는 과정을 거칩니다.

그래서 이 책에서도 위와 같은 3단계 구조에 맞추어 책의 내용을 구성했습니다.

2장 "프로그램 설계하듯 헌법 내용 고민하기"에서는 헌법에 들어갈 내용을 고민하기 위한 질문을 던집니다. 회사의 목적과 가치관, 구성원 사이의 계약, 회사의 정책과 권력의 운영 등 헌법에 들어갈 요소들을 살펴봅니다. 이 질문들에 대해 구성원들이 함께 의견을 주고받으며 헌법의 기본 내용을 만들 수 있습니다.

3장 "참고할 수 있는 예시 문헌들"에서는 각 국가와 정당과 국제 사회에서 실제로 사용하는 헌법을 소개합니다. 각 헌법의 구성과 특징을 비교하면서 여러분이 만드는 헌법에 필요한 요소들을 참고할 수 있습니다.

4장 "코드 짜듯 헌법 작성하기"에서는 구체적으로 헌법을 구상하고 작성하는 방법을 소개합니다. 헌법을 만드는 것은 구성원들이 다 같이 참여하는 일종의 글쓰기 작업이므로, 각자의 생각을 모아 내용을 다듬고 글로 표현하는 기술이 필요합니다. 구성원의 의사를 수합하고 반영하며, 그렇게 정한 내용을 제대로 나타낼 수 있도록 글의 구조를 짜고 문장 쓰기, 글의 '에러를 디버깅하기'(오류 찾아서 바로잡기) 같은 내용을 다룹니다.

그리고 책 맨 뒤의 부록에는 2019년에 제정된 스튜디오 하프-보틀의 헌법 전체 내용을 공개할 것입니다. 헌법을 구성하는 강령과 기본코드를 모두 싣고, 각 조문 내용에 대해 헌법을 만드는 분들이 참고할 수 있는 간단한 코멘트를 곁들입니다.

이처럼 이 책은 헌법을 만드는 과정에서 수반되는 여러 고민거리와 행동들, 그리고 참고 자료를 정리한 책입니다. 여러분이 헌법 제정 과정에서 그저 수동적으로 따라오지 않고, 직접 헌법을 프로그래밍하다가 어딘가 막힐 때 중간중간 찾아볼 수 있는 참고 도서가 될 것입니다.

회사에 민주주의를 들여오기

생각 2.
우리의 일상을 차지하는 헌법

장혜영, 국회의원 (정의당)

"국가의 통치 조직과 통치 작용의 기본 원리 및 국민의 기본권을 보장하는 근본 규범." '헌법'의 사전적 정의이다. 회사와 헌법, 두 단어는 일견 낯선 조합처럼 보이기도 한다. 하지만 우리의 일상에서 많은 부분을 차지하고 있는 회사에 헌법이 존재하지 못할 이유는 무엇인가. 법을 만들고 고치는 하나의 입법 기관이자 '의원실'이라는 조직을 이끌어가고 있는 리더로서 공동체의 공통 규약을 고민하는 나에게 〈우리 회사 헌법 만들기〉는 매우 반가운 안내서이다.

우리가 만들어낼 '헌법'의 배경이 꼭 '회사'일 필요는 없다. 딱딱한 법조문 형태일 필요도 없다. 모두가 평등하고 민주적으로 숨 쉬고, 고민하고, 관계 맺고, 일하고, 돈 버는 공동체를 한 번이라도 꿈꿔본 이들, 그리고 나와 우리 곁 동료 시민이 존엄하게 살아갈 권리에 대해 고민해본 적이 있는 이들 모두에게 이 책을 권한다. 〈우리 회사 헌법 만들기〉의 꼼꼼하고 사려 깊은 안내를 한 걸음씩 따라가며 우리만의 헌법 코딩을 시작해보자.

제2장.
프로그램 설계하듯

헌법 내용 고민하기

지금 당장이라도 붓을 휘날리며 헌법을 작성하고 싶겠지만, 잠시만 참아주세요! 어떤 프로그램을 만들 것인지 기획하지 않고 무턱대고 코딩부터 시작하는 경우는 없습니다. 마찬가지로 헌법에 들어갈 주제로는 어떤 것들이 있는지 살펴본 뒤 구체적인 내용을 기획하는 과정을 먼저 밟아야 합니다. 지금부터 그 주제를 하나씩 살펴보겠습니다.

헌법 프로그래밍의 각을 잡기

헌법을 한 글자도 안 쓴 상태에서 김칫국부터 마시는 것 같지만, 헌법이라는 프로그램을 긴 시간을 들여 완성한 뒤 유지보수하는 상황을 떠올려봅시다. 시간이 지남에 따라 회사의 환경이 바뀌고 새로운 '기능'이 필요해져서 헌법의 내용을 추가하거나 빼야 할 상황이 옵니다. 이때 우리는 두 가지 갈림길에 섭니다.

하나의 길은, 새로 만들어야 할 모든 내용을 모아서 디테일까지 치밀하게 기획한 수정안을 한번에 만들어서 반영하는 것입니다. 또 다른 길은 흔히 애자일Agile 방법론이라고 일컫는데, 빨리 수정할 수 있는 간단한 내용부터 우선 반영하고 기능의 추이를 살펴본 뒤 필요에 따라 다시 수정하는 것입니다. 어떤 길을 선택하느냐에 따라, 우리가 헌법을 프로그래밍하는 데 들어가는 시간, 인력, 멘탈 등의 자원이 달라집니다.

구체적으로 쓸 것인가, 위임할 것인가

이 책을 읽다 보면 헌법에 넣기 위해 고민해야 할 내용이 죽 나올 것입니다. 그 내용을 헌법에 담을 때 얼마나 구체적으로 담아야 할까요? 회사 환경이 빠르게 변한다면 헌법에는 최대한 원칙적인 내용만 간단히 적고, 자세한 내용을 정할 권한을 위임해서 그때그때 하위 법령을 통해 정하거나 구성원이 합의해 결정하는 것이 좋습니다.

그렇다고 헌법 내용이 지나치게 간단하고 원칙적인 내용으로만 채워진다면? 그 헌법은 '누가 듣기에도 좋은 말씀' 수준을 벗어나지 못하는 데다가, 엄격한 해석이 필요할 때에 제 기능을 하지 못하고 소모적인 논쟁만 불러일으킬 수 있습니다.

→ 헌법에 구체적인 내용을 명문화하여 엄격한 가이드라인이 되도록 할까요?

→ 헌법에는 자세하게 적지 않고, 수정하기 쉬운 하위 법령을 통해 명문화할까요?

→ 헌법이나 법령에 자세하게 적지 않고, 구성원이 합의해서 그때그때 상황에 맞추어 판단할까요?

바꾸기 쉽게 할 것인가, 어렵게 할 것인가

한국 사회에는 헌법을 쉽게 바꾸면 안 된다는 인식이 뿌리 깊게 자리 잡았습니다. 〈대한민국헌법〉이 개정될 때에는 언제나 시민혁명이나 군사쿠데타 같은 거대한 사건이 동반되었기 때문입니다. 실제로 한국 사회는 헌법이 독재자에 의해 폭압적으로 개정될 때마다 그 폐해를 뼈저리게 겪은 역사가 있습니다.

그러나 국가(회사)가 마주하는 내외부 환경이 변화했을 때 또는 시민들이 선호하는 사회 체제의 모습이 변화했을 때 헌법이라는 소프트웨어는 하드웨어의 변화에 맞추어 개정되어야 합니다. 이처럼 헌법은 아주 예민한 소프트웨어라서, 너무 쉽게 바뀌어도 곤란하고, 바꾸기 너무 어려워도 곤란합니다. 여러분 회사의 상황에 맞게 헌법의 개정 난이도를 조정하는 것이 좋습니다.

→ 헌법 개정안을 발의하는 방법은 어떻게 할까요? 대표가 혼자 발의하게 할까요, 아니면 몇 명 또는 일정 비율 이상의 구성원이 발의하도록 할까요?

→ 일정한 기간마다 헌법 개정을 반드시 논의해야 할까요? 아니면 회사의 규모(자본금이나 매출, 또는 구성원의 숫자)가 변할 때 헌법 개정을 반드시 논의하는 게 좋을까요?

→ 개정안이 발의된 후 구성원끼리 논의할 시간은 얼마나 주어져야 할까요?

→ 어느 정도 비율의 구성원이 동의해야 개정할 수 있도록 할까요? 과반수 동의? 3/5 동의? 2/3 동의? 전원 동의?

→ 회사의 형태를 변경하려고 할 경우(개인사업자 형태에서 법인으로 전환, 다른 사업체와 합병 등)에는 구성원의 권리와 직접 연관이 되므로 일반적인 헌법 개정보다 더 깊이 논의하고 더 많은 동의를 얻어야 할 것입니다. 어떻게 절차를 조정해야 할까요?

회사의 목적

사람들이 모여서 조직을 이룰 때에는 어떤 목적을 가지기 마련입니다. 어떤 행동을 하는 것일 수도 있고, 어떤 생각을 하는 것일 수도 있으며, 어떤 목표를 달성하는 것일 수도 있습니다. 회사 헌법은 회사를 정의하는 문서인 만큼 회사의 목적을 담아야 하고, 그러기 위해서는 구성원끼리 진솔하게 대화하고 토론해야 합니다.

어떤 사업을 할 것인가

배경 지식이 적거나 전혀 다른 가치관을 가진 사람들도 헌법을 통해 단편적으로나마 회사의 사업 내용을 이해할 수 있도록 해봅시다. 마치 여러분이 명절에 친척들을 만나서 자기 회사를 소개하는 것과 비슷합니다. 회사가 만드는 제품과 서비스가 무엇인지, 회사가 수행하는 업무가 무엇인지 정리해봅시다.

→ 회사가 만드는 제품이나 서비스가 무엇인가요? 회사가 사업으로서 진행하는 활동은 무엇인가요?

→ 위에서 말한 제품을 생산하거나 서비스 및 활동을 수행하는 과정은 어떻게 되나요?

→ 이 사업을 수행하기 위해 어떤 구성원이 필요하며 어떤 특성을 가진 구성원들과 함께하길 원하나요?

어떤 가치와 영향력을 창출할 것인가

이번에는 친척들이 아니라, 지원사업 심사위원이나 투자자 앞에서 자기 회사를 소개한다고 생각해봅시다. 이때는 단순히 회사가 하는 일을 소개하는 것을 넘어서 그 사업의 목표, 즉 그 사업을 통해 창출하려는 가치와 영향력을 설명해야 합니다. 같은 사업이라도 회사가 어떤 가치를 만드느냐에 따라 독특한 아이덴티티를 가지게 되기 때문입니다.

입주민들이 일정 시설을 공유하도록 설계된 공동주택 쉐어하우스 임대 사업을 떠올려봅시다. 어떤 회사는 기본적인 품질을 갖춘 주거시설을 값싸게 사용할 수 있음을 중요한 가치로 내세웁니다. 이 회사의 고객은 세탁실, 주방, 화장실 같은 공용시설을 회사가 철저히 관리하여 낮은 주거비용으로 준수한 주거공간을 가지고자 합니다. 또 다른 어떤 회사는 취미나 관심사가 비슷한 사람들이 함께 모여 살면서 활발하게 교류할 수 있음을 장점으로 내세웁니다. 이 회사의 고객은 회사가 입주자끼리 교류할 공간을 충분히 확보하고 네트워킹 프로그램을 잘 짜서 진행하길 기대하며, 이를 위해서 많은 비용을 지불할 의사도 있습니다.

이처럼 큰 범위에서 같은 사업에 속하더라도 회사가 중요하게 여기는 가치에 따라 세부적으로는 전혀 다른 사업으로 분화됩니다. 따라서 사업을 같이 꾸릴 구성원끼리 이 내용을 토론하고 합의하는 것은 회사의 조직 구성에서 매우 중요한 일입니다.

→ 앞에서 말한 사업을 통해 회사가 창출하고자 하는 가치는 무엇인가요?

→ 이 가치는 사회와 고객에게 어떤 이득을 주거나 영향력을 제공하나요?

→ 이 가치와 영향력이 특히 필요한 대상은 누구일까요?

어떤 가치관을 실현할 것인가

앞에서 설명한 '가치'가 사업을 통해 발생하는 효과를 의미한다면, 지금부터 설명할 '가치관'은 그 사업을 하려는 이유, 그 가치를 만들고자 하는 이유에 해당합니다.

앞서 보았던 두 가지 쉐어하우스 사업을 다시 떠올려봅시다. 두 사업은 주거공간에 대해 서로 다른 가치관을 가지고 있습니다. 하나는 '누구나 가격 부담 없이 양질의 주거환경을 누릴 권리가 있다'는 가치관이고, 다른 하나는 '집은 관심사가 비슷하고 이익을 주고받을 수 있는 사람들이 함께 사는 주거 공동체의 기반이 되어야 한다'는 가치관입니다. 집에 대한 두 가지 가치관은 모두 나름의 이유가 있고 필요한 것이지만, 서로 충돌할 수도 있습니다. 그리고 이런 가치관의 근본적인 차이 때문에 두 사업이 모두 가능한 것이기도 합니다.

→ 회사가 사업을 통해 실현하고자 하는 가치관은 무엇인가요? 그 가치관이 실현되면 어떤 점이 좋아지나요?

→ 이 가치관을 실현하는 방법으로서 이 사업을 하고자 하는 이유는 무엇인가요? 기존의 다른 회사나 사업이 이 가치관을 충분히 실현하지 못했다면 그 이유는 무엇일까요?

어떤 문제를 어떻게 해결할 것인가

앞서 우리는 회사를 소개하기 위해 사업의 가치와 가치관을 정의했습니다. 이 방법을 살짝 비틀어서, 회사가 해결할 문제를 정의하는 방법을 쓸 수도 있습니다. 이는 회사의 사업과 행보를 내부에서 자체적으로 정하기보다, 문제 해결의 대상인 사회 또는 사용자의 요구와 상황에 맞추어 정하겠다는 의미를 담습니다. 특히 2020년대부터 많은 스타트업과 사회적기업이 이런 방법을 사용하고 있습니다.

→ 사업을 통해 어떤 문제를 해결하고 싶나요? 문제를 포괄적으로 정의할까요, 아니면 구체적으로 정의할까요?

→ 그 문제를 겪는 대상(사람들)은 누구인가요? 그 문제는 언제, 어디서, 어떠한 상황에서 일어나나요?

→ 그 문제를 다루고 싶은/다루어야 하는 이유가 무엇인가요? 어째서 해결해야 하나요? 문제가 해결되면 어떤 점에서 좋을까요?

→ 그 문제의 원인은 무엇이며 해결하기 위한 원칙이나 방법은 무엇인가요?

→ 회사는 이 문제를 해결하기 위해 어떤 사업을 하나요? 다른 회사들이 제시한 해결 방법과는 어떻게 다른가요?

회사와 구성원 정의하기

민주주의 운영 원리를 세울 때 가장 먼저 해야 할 일은, 주권을 가진 구성원을 정의하는 것입니다. 헌법에서 언급할 모든 권리와 의무와 규칙은 바로 주권을 가진 구성원을 대상으로 정해진 것이고, 주권을 가진 구성원의 동의를 얻어 약속한 것입니다. 따라서 이 구성원을 정의해야 뒤이어 나올 헌법의 나머지 내용이 성립됩니다.

회사의 구성원

회사의 구성원은 그냥 사원을 의미하는 것 아닌가 하는 생각을 하기 쉽지만, 이 문제는 간단하지 않습니다. 어떤 사람이 회사의 구성원인지를 구체적으로 정의하지 않거나 불합리하게 정의하면, 의사결정 또는 직원 복지 정책을 수행하는 과정에서 큰 혼란과 불만이 생길 수 있습니다. 예를 들어 아래와 같은 내용을 구체적으로 고민해야 합니다.

→ 입사 기간이 얼마나 된 직원을 구성원으로 인정하여 의사결정에 참여할 수 있게 할까요? 3개월? 6개월? 1년? 아니면 입사 후 즉시?

→ 정직원이 아닌 수습/인턴 사원, 임시로 고용된 기간제노동자, 또는 시간제로 일하는 단시간노동자를 구성원으로 인정해야 할까요?

→ 사업과 직접적인 관계가 없지만 엄연한 직원인 경우는 어떻게 할까요? 예를 들어, 사무실 청소 또는 경비 업무를 하는 노동자는 구성원으로 인정해야 할까요?

→ 회사에 직접 고용되지 않고, 자회사에 고용되거나 파견근로 업체를 통해 일하는 파견노동자는 구성원으로 인정해야 할까요?

→ 서로 다른 지사/지부에서 일하는 사원은 구성원으로 인정해야 할까요?

→ 회사를 같이 창업하고 종종 업무도 같이 하지만, 사무실에 상주하지 않고 회사 업무 이외의 개인 프리랜서 업무를 수시로 수행하는 동료는 구성원으로 인정해야 할까요?

→ 그 외에 혹시 구성원으로 포함되어야 하지만 놓치는 경우는 없나요?

회사의 '협력원'

사업의 종류에 따라서 직원이 아니더라도 사업상 필요에 따라 긴밀한 관계를 유지하면서 의사결정에 참여하거나 구성원과 유사한 권리를 누려야 하는 사람들이 있기도 합니다. 스튜디오 하프-보틀의 헌법에서는 이런 사람을 '협력원'이라고 정의합니다.

두 가지 예를 들어보겠습니다. 먼저 소비자협동조합 형태의 상점은 소비자가 조합원으로 가입하면, 의사결정에 참여하고 각종 혜택을 받을 권리가 생깁니다. 따라서 일반적인 회사의 구성원(임직원)과 별도로 정의해야 합니다. 또한 스튜디오 하프-보틀의 경우, 특별히 외주나 공동 프로젝트 작업으로 3차례 이상, 1년 이상 같이 협업한 개인이나 사업자에게 구성원의 한 종류인 '협력원'이 될 권리를 제공합니다. 지속적으로 같이 작업할 동료 관계로서 스튜디오의 의사결정에 참여하고, 공동 작업에 우선 참여할 수 있도록 독려하기 위함입니다.

→ 먼저, 우리 회사는 구성원과 유사하게/동등하게 의사결정에 참여할 협력원 제도를 운영하는 것이 필요할까요?

→ 협력원이 될 주체의 단위는 개인/사업자/법인 중에서 무엇으로 정할까요?

→ 협력원이 될 자격을 어떻게 정할까요? 또 협력원 가입을 신청하는 방법은 어떻게 할까요?

→ 협력원에게 부여하는 권리와 의무는 어떻게 정할까요? 일반적인 구성원과 동등하게/차등을 두어 부여할 것은 무엇일까요?

→ 협력원에게 의사결정 과정의 의결권을 부여할까요, 아니면 의결권 없이 발언권만 부여할까요? 협력원에게 부여할 의결권의 적절한 비중은 얼마일까요? 일반적인 구성원과 차등하여 부여할까요, 아니면 똑같이 1표를 부여할까요? 또는 예를 들어, 협력원인 사업자에 10명의 임직원이 속해 있다면, 이 사업자에게는 1표를 부여할까요, 10표를 부여할까요?

현실적인 문제: 회사의 주인

여기서 문제가 생길 수 있습니다. 바로 한국 법률체계와 회사 헌법이 충돌하는 상황입니다. 예를 들어 주식회사가 회사 헌법에다가 "주권자는 구성원인 임직원"이라고 명시하더라도, 한국 법률체계상 주식회사의 주인은 주주이고 주주가 선임한 이사들이 모인 이사회에서 회사 운영과 관련한 대부분의 사항들이 결정됩니다. 다시 말해 구성원의 실제 의사와 무관하게, 주권자인 주주들의 총회(주주총회) 또는 이사회의 결정이 가장 강력한 권한을 가지고 있습니다.

우리가 만드는 회사 헌법이 실제 효력을 발휘하려면, 한국 법률에 의해 정해진 회사의 주인(권력구조)에 대한 정의를 벗어나지 않으면서 구성원에 의한 민주주의 운영 원리를 실현할 수 있어야 합니다. 이에 대한 내용은 이번 장 맨 끝에서 다루겠습니다.

구성원 사이의 계약

헌법은 구성원끼리 어떤 것을 하고 어떤 것을 하지 않겠다는 일종의 약속이자 계약이라고 말했습니다. 그 계약서를 지금부터 써봅시다. 너무 어렵게 생각하지 마세요. 세세한 규정으로 행동 하나하나를 규율하려 하지 말고, 구성원 사이의 관계와 행동에 대한 몇 가지 원칙을 세운다는 가벼운 마음으로 쓰는 것이 좋습니다. 혹시 너무 어렵다면 여러분의 경험이나 각 나라의 헌법, 여러 인권선언을 읽어보면서 정리해봅시다. 3장에 실린 "참고할 수 있는 예시 문헌들"에 도움이 될 만한 자료가 실려 있습니다.

사례로부터 기본권 떠올리기

'기본권', '인권'이라는 표현을 들으면 너무 어렵게 느껴집니다. 간단하게 생각해서 여러분이 일상을 살거나 회사에서 일하면서 괴로웠던 순간, 부당하다고 생각한 순간, "더러워서 못 해 먹겠다"라고 느낀 순간을 떠올려봅시다. 개인이 존엄한 삶을 살아가는 데에 방해를 받았던 바로 그 순간 나에게 필요했던 권리가 바로 인간의 기본권입니다. 이 권리를 좀 더 촘촘히 빠짐없이 보장하기 위해 고민해봅시다.

→ 기본권을 침해받았거나, 또는 기본권을 확실하게 보장받아서 좋았던 순간을 떠올려봅시다. 그 기본권은 어떤 것이었나요?

→ 앞에서 살펴본 기본권을 적절히 분류해봅시다. 개인이 자유롭게 행동할 권리, 개인이 가혹한 환경으로부터 보호받을 권리, 개인이 자아를 실현하기 위해 행동할 권리, 개인이 존엄한 삶을 살기 위한 물질적 기반을 가질 권리, 개인이 존엄한 삶을 살기 위한 정서적 안정을 취할 권리 등으로 나눌 수 있을 것입니다.

→ 앞에서 살펴본 기본권 중에서도 특히 회사에서 잘 지켜지지 않기 때문에 특별히 강조되어야 하는 기본권은 어떤 것이 있을까요?

구성원 사이의 관계

회사의 구성원은 서로 다른 직책, 직무, (중립적인 의미의) 위계, 성별, 개인 성향 등을 가지고 있습니다. 다양한 속성의 사람들이 섞여서 관계를 맺으며 일하고 생활하고 소통할 때, 속성의 차이는 갈등을 유발하고, 더 나아가 각자의 권리를 침해하는 상황을 만들 수 있습니다. 이런 상황을 막기 위해, 구성원이 관계를 맺을 때 지킬 약속을 떠올려봅시다. 거듭 말하지만 헌법이란 구성원끼리 정하는 약속입니다.

→ 구성원들의 속성 중에서는 자칫 차별적 요소로 작용할 수 있는 것들이 있습니다. 이런 요소로는 어떤 것들이 있을까요? 예를 들어, 스튜디오 하프-보틀 기본코드에서는 이에 대해 "누구라도 자신의 성별, 가문, 국적, 장애, 신체조건, 인종, 언어, 고향과 출신, 가족 형태 및 상황, 임신 및 출산, 신앙, 성적 지향 및 성 정체성, 학력, 직업, 고용 형태, 종교적 또는 정치적 견해 때문에 불이익을 받거나 우대받지 아니한다"(제3조1항)라고 정의하고 있습니다.

→ 앞에서 언급한 구성원의 속성이 회사 안에서 차별적 요소로 작용할 때 지켜지지 않게 되는 기본권이나 가치관으로는 무엇이 있을까요? 다시 말해, 회사 안에서 어떤 경우에도 차별 없이 지켜져야 하는 기본권과 가치관은 어떤 것이 있을까요?

→ 한국에서는 (부정적 의미로서) 사회적 위계와 직위의 차이에 의해 관계가 경직되거나 일방적인 관계로 머무는 경우가 많습니다. 회사의 경우를 생각하면, 직무상 지시 감독을 받는 관계, 인사권을 가진 사람과 인사의 대상이 되는 사람의 관계, 나이 차이가 많이 나는 관계 등의 예시가 떠오릅니다. 이밖에도 회사 안에서 이러한 위험을 내포한 관계가 또 있을까요? 그리고 그런 관계에서 서로 지켜야 할 기본권이나 가치관은 무엇이 있을까요?

→ 그중에서도 특히, 노동자와 사용자의 관계는 사회문화적인 차원을 넘어서 사회경제적인 차원에서도 강한 위계를 가지므로 별도로 규정해야 합니다. 노사관계에 놓인 구성원 사이에는 어떤 위험이 있을 수 있을까요? 이런 관계에서 서로 지켜야 할 기본권이나 가치관은 무엇이 있을까요?

구성원에게 주어지는 자유와 권리

이제 헌법을 통해 그 구성원들에게 주어질 자유와 권리를 구체적으로 떠올리며 하나씩 나열해봅시다. 이 책 3장 "참고할 수 있는 예시 문헌들"을 참고해보세요. 앞서 헌법을 만들었던 '선배' 제작자들이 이미 인류 보편의 자유와 권리를 몇 가지 원칙으로 압축해서 서술해놓았습니다.

→ 앞서 고민한 내용(인간으로서의 기본권과 인권, 그리고 구성원 사이의 관계에서 지켜져야 할 기본권과 가치관)을 다시 한번 살펴보고, 이 내용을 몇 가지 원칙으로 최대한 압축할 방법을 떠올려보세요.

→ 압축된 내용을 바탕으로 구성원에게 필요한 자유와 권리를 구체적으로 하나씩 나열해보세요.

구성원에게 주어지는 의무

구성원에게 주어지는 자유와 권리 중에서는 의무를 자연스럽게 동반하는 것들이 있습니다. 예를 들어 회사 안에서 '행사나 모임에 참석할 것을 강요당하지 않을 권리'가 지켜지려면, 구성원에게는 '다른 구성원에게 행사나 모임 참석을 강요하지 않을 의무'가 따라붙어야 합니다. 이것은 소위 "권리를 주장하기 전에 먼저 의무를 다하라"라는 말과는 다른 개념으로, 오히려 내 권리를 앞장서서 주장하고 보호하기 위해 다른 사람에게 의무를 부과하는 경우를 뜻합니다. 이런 종류의 의무라면 헌법에 굳이 명시하지 않고, 그 의무를 통해 보장되는 개인의 자유와 권리를 나타냄으로써 표시하는 것이 민주주의 운영 원리에 더 맞을 것입니다.

따라서 구성원에게 주어지는 의무를 헌법에 꼭 명시해야 한다면, 그 의무는 굉장히 특수하고 필수 불가결한 요구여야 합니다. 실제로 〈대한민국헌법〉에서 국민의 권리와 의무를 규정하는 제2장을 살펴보면, 전체 30개의 조와 64개의 항 중에서 국민에게 어떠한 의무가 있다는 표현은 4번밖에 나오지 않습니다. 이 '의무'에 해당하는 내용은 자녀에게 의무교육을 제공할 의무, 근로의 의무, 납세의 의무, 국방의 의무입니다.

→ 반드시 필요한 구성원의 의무를 떠올려봅시다. 이것 역시 인간으로서의 기본권과 인권, 구성원과 회사와의 관계에서 지켜져야 할 기본권과 가치관을 바탕으로 생각해보세요.

→ 이 내용을 바탕으로 구성원에게 주어져야 할 의무를 구체적으로 하나씩 나열해보세요.

→ 여러분이 나열한 의무 중에서 혹시라도 (의무가 아닌) 자유와 권리로 바꿔서 표현할 수 있는 것은 없는지 찾아보세요.

회사의 권리와 의무

헌법은 구성원끼리의 약속이기도 하지만, 그들이 모여 만든 조직(회사)이 해야 할 일을 약속한 문서이기도 합니다. 앞서 우리는 회사 구성원에게 주어질 자유와 권리와 의무를 규정했습니다. 그렇다면 이 약속을 지키기 위해 구성원뿐만 아니라 회사에도 몇 가지 권리와 의무가 주어져야 합니다.

예를 들어 모든 구성원에게 '공정하고 유리한 조건에서 일할 권리'가 주어진다고 생각해봅시다. 회사에는 이 권리가 지켜지는 일터를 만들어야 하는 과제가 주어진 셈입니다. 이 과제를 수행하기 위해서 회사는 구성원에게 업무와 관련한 정보를 투명하게 전달하고, 안전하고 윤택한 작업환경이 되도록 사업장을 관리할 의무가 생깁니다. 또한 회사는 구성원에게 최신 노동환경과 업무 트렌드에 대한 교육을 진행할 권리가 생기기도 합니다.

시민인 우리가 헌법을 통해 국가가 할 일과 하지 말아야 할 일을 규정하듯이, 우리가 회사에게 바라는 역할과 하지 말았으면 하는 역할을 고민한 뒤 헌법이 그 내용을 넣어봅시다.

→ 앞에서 여러분이 작성한 구성원의 자유·권리·의무를 다시 한번 읽어봅시다. 이 약속을 지키기 위해 회사가 해야 할 일은 무엇이 있을지 정리해보세요.

→ 회사가 해야 할 일을 회사의 권리와 의무로 각각 나누어서 하나씩 나열해보세요.

→ 특별히 회사가 권력을 오남용하여 구성원의 자유와 권리를 침해할 위험이 없는지 점검해보세요. 그런 위험을 없애기 위해 회사에게 어떤 의무를 지워야 하는지 하나씩 나열해보세요.

회사의 정책

우리는 앞에서 회사의 목적과 사업, 구성원과 회사가 가지는 자유·권리·의무를 정의했습니다. 이것을 선언하는 것에 머무르지 않고 실현하기 위해서는 회사가 그에 맞추어 행동해야 합니다. 즉, 사업 과정에서 어떤 정책에 따라 회사를 운영할 것인지를 정해야 합니다. 대외적으로는 사업이 사회에 미칠 영향, 다른 조직과의 협력에 대한 원칙을 정해야 합니다. 또 내부적으로는 수익 배분, 조직구조와 문화, 노동·인사정책 등을 고민해야 합니다. 이 정책을 헌법에 나열할 때 가급적 원칙적인 내용만 적을지, 아니면 좀 더 세세하고 구체적인 사항을 적을지는 여러분의 판단에 맡기겠습니다.

사업의 원칙

회사가 사업을 운영할 때는 원칙이 있어야 하며 그 원칙을 지켜나가야 합니다. 사업 확장을 위해 추가할 업종을 고르는 기준, 사업의 결과물을 공개하는 방법, 사업에 쓰이는 에너지와 자원을 관리하는 원칙, 혹은 소위 '기업의 사회적 책임을 지키는 경영 원칙' 같은 것들이 있겠습니다.

영리를 추구하는 회사에서 이런 원칙을 정해봤자 실제로는 지켜지기 어려우니 별 소용 없다고 생각할 수도 있습니다. 그러나 구성원들이 함께 사업의 원칙을 정하고 그 원칙이 얼마나 잘 지켜지는지 스스로 모니터링하는 것은 매우 중요합니다. 모니터링을 통해 지적받은 사항을 개선해야만 나중에 회사가 사회에서 용납되기 어려울 정도로 폭주하는 것을 막을 수 있기 때문입니다. 2020년대 들어서 구글, 페이스북, 아마존, 카카오 같은 거대 IT 회사들이 악덕 플랫폼 업체로 지목받고 규제당하는 상황을 생각해봅시다. 만약 이 기업들이 사업을 유지·확장하는 동안 자신이 지킬 사회적 원칙을 정하고 이를 충실히 따랐다면, 지금과 같이 '악마화'되지는 않았을 것입니다.

- → 회사가 지속적으로 유지·확장되기 위해 주변의 사회적 환경이나 사회 구성원과 어떤 관계를 맺어야 할까요?
- → 회사가 사업을 하면서 회사 바깥의 사회에 대해 지켜야 할 윤리적·도덕적·합리적 원칙은 무엇이 있을까요?
- → 회사가 사회 속 시장경제의 주체로서 지켜야 할 윤리적·도덕적·합리적 원칙은 무엇이 있을까요?
- → 사업이 지속적으로 유지·확장되기 위해 사업에 필요한 유형/무형의 자원을 어떤 원칙에 따라 관리하고 투입해야 할까요?

수익의 배분과 축적

회사가 지속되기 위해 무엇보다 중요한 것은 재정정책, 즉 수익의 배분과 축적입니다. 수익을 구성원에게 너무 적게 배분하면 구성원들이 근속을 유지하기 어렵고, 그렇다고 재정을 너무 적게 축적하면 회사의 지속가능성을 높이기 위한 연구개발, 사업 확장, 시설 확충 등의 투자를 할 수 없게 됩니다. 회사 상황에 맞추어 재정 운영을 어떻게 할지 그때그때 결정하게 되지만, 그럼에도 그 의사결정의 기준이 되는 재정정책 원칙을 가지고 있어야 합니다.

- → 회사가 지속적으로 유지·확장되기 위해 수익의 일정 비율을 반드시 배분하도록 규정해야 할까요? 수익 배분의 방법으로는 임금 인상, 성과급·배당금 지급 등이 있습니다.
- → 회사가 지속적으로 유지·확장되기 위해 수익의 일정 비율을 반드시 축적하도록 규정해야 할까요? 수익 축적의 방법으로는 특정 분야에 대한 투자, 기금 적립 등이 있습니다.
- → 수익을 반드시 배분/축적해야 하는 분야가 따로 있을까요? 특정 사업에 대해 또는 특정 사내 복지 분야(교육, 식음료, 상조 기금 등)에 대해 반드시 일정 비율의 수익을 배분/축적해야 할 수도 있습니다.
- → 구체적인 비율을 지정하기 어렵다면 수익의 배분/축적을 결정하기 위한 기본 원칙을 헌법에 정해야 할까요? 헌법에서 어떤 기준을 제시해야 할까요?

조직구조와 사내 업무 문화

사실, 사내 업무 문화의 대부분은 이전 내용인 "구성원 사이의 계약"에서 언급되었다고 볼 수 있습니다. 업무 문화란 으레 업무를 함께 진행하는 사람들끼리의 관계와 행동에 따라 결정되니까요. 그럼에도 굳이 이에 대해 다시 언급하는 것은, 개인의 선의에 의존하지 않고도 업무 문화를 정착시킬 회사의 '사회적 구조', 즉 조직구조가 마련되어야 하기 때문입니다. 회사의 직급체계 문제, 업무에 따른 정보 비대칭성 문제, 상급자의 사적인 요구나 업무시간 외 지시를 막기 위한 사내 메신저 시스템 문제, 업무 보고나 업무 평가가 이루어지는 방식의 구조적 문제 등 우리가 짜야 할 사회적 구조는 생각보다 많습니다.

→   이 헌법이 추구하는 사내 업무 문화는 어떤 원칙을 가지고 있을까요? 앞서 구상했던 "구성원 사이의 계약"을 다시 읽어보고, 이를 통해 역추적하여 여러분이 추구하는 사내 업무 문화의 원칙을 한두 문장으로 정리해봅시다.

→   사내 업무 문화의 형성에 영향을 주는 조직구조에는 어떤 것이 있나요? 사소한 부분이어도 좋으니 업무환경을 잘 관찰하면서 파악해봅시다.

→   사내 업무 문화를 헌법이 추구하는 가치에 맞추어 정착시키기 위해 조직구조를 새로 정의하거나 개편해야 할 것은 없는지 파악해봅시다.

노동정책 전반

회사란 사람들이 일하기 위해 모인 조직입니다. 따라서 회사를 유지하기 위해서는 회사의 노동정책, 즉 회사에서 구성원들이 충분히 보호받으면서 능력껏 노동하고 합당한 대우와 충분한 경제적 이득을 취할 수 있는 환경을 만드는 정책이 매우 중요합니다. 노동정책의 범위를 더 넓혀서 생각해봅시다. 사람을 고용하고 적재적소에 배치하여 직무를 부여하는 고용·인사정책, 산업재해를 예방하고 산재가 일어났을 때 충분히 보상하고 치료하여 피해자가 다시 노동할 수 있게끔 하는 산재 관련 정책, 구성원 사이에 갈등이 생기거나 일방적인 인권침해가 발생했을 때 이를 해소하고 합당한 조치를 내리는 갈등 조정 정책 등이 모두 넓은 의미의 노동정책에 해당합니다.

큰 기업에서는 이를 두고 'HR: Human Resource' 또는 인사관리라고 칭하는 경우가 많습니다. 하지만 이 책에서는 '회사가 구성원을 관리'하는 것이 아니라 '회사를 관리'하여 구성원이 안정적인 환경에서 일할 수 있도록 하려는 목적을 고려해서 '노동정책'이라는 표현을 특히 강조해서 쓰겠습니다.

→ 사원을 새로 고용하거나 해고할 때, 또는 사원이 수습 기간을 거치는 동안, 그 대상자에게 충분히 좋은 경험을 남기기 위해서는 어떤 정보를 제공하고 어떤 절차를 거쳐야 할까요?

→ 업무를 평가할 때, 임금지급액을 결정할 때, 그리고 인사 배치를 할 때 이 과정에서 가장 먼저 고려하거나 반드시 지켜져야 할 사항이 있나요?

→ 휴가와 휴식 시간, 야근이나 휴일 근무를 비롯한 초과근무는 어떻게 관리할까요?

→ 노동환경 문제로 인해 노동자 개인이 일할 때 여러 제약이 생길 수 있습니다. 이러한 제약을 최소화하기 위해 회사는 어떤 노력을 해야 하나요?

→ 산업재해가 생기거나 회사 내에서 개인의 기본권이 침해되는 경우(사내 괴롭힘, 강압에 의한 신념 침해 등), 이를 책임 있게 수습하고 문제를 해소하기 위해 회사는 어떤 조치를 취해야 할까요?

→ 대한민국의 노동법에서는 노동자를 보호하는 여러 가지 장치가 있지만, 5인 이상을 고용한 기업에만 적용되거나 수습 사원에게는 적용되지 않는 등 불평등한 부분이 발견됩니다. 회사에서 이런 불평등한 부분을 조정할 필요는 없을까요?

교육·학습 문화

회사에서도 특강, 워크숍, 아이디어 공유 세션, 정기적인 세미나 등을 통해 꾸준히 교육하고 학습하는 문화가 필요합니다. 직무교육을 받은 구성원은 더 효과적으로 일할 수 있고, 교육을 통해 회사 바깥 세상의 변화를 이해하는 구성원은 회사의 미래에 대해 합당한 의사결정을 할 수 있습니다. 특히 많은 스타트업들은 기업 차원에서 학습 문화를 장려하고, 학습 과정에서 새롭게 발견한 인사이트를 접목해서 새로운 사업을 추진합니다. 따라서 교육·학습 문화에 대한 정책을 정하는 것 또한 중요합니다.

→ 회사에서 교육과 학습이 이루어져야 하는 이유는 무엇일까요? 스튜디오 하프-보틀은 이에 대해 "구성원의 자아실현, 자기 계발, 업무 능력 신장, 교양 발달, 창의 발현, 생활 안정을 촉진"하기 위함이라고 정의하고 있습니다(기본코드 제80조1항).

→ 회사에서 교육하거나 함께 학습할 주제와 분야로는 무엇이 있을까요? 특별히 회사의 특성상 구성원들이 평소에 접하기 어렵지만 그럼에도 교육이 필요한 주제들에 대해 떠올려봅시다.

→ 회사에서 구성원에게 의무적으로 부여할 교육 내용이 있을까요? 구성원에게 학습할 의무를 어느 정도까지 부여해야 할까요?

→ 교육과 학습을 진흥하기 위해 회사가 특별히 노력할 것이 없을까요? 교육 준비에 들어가는 노동력과 재정은 어떻게 관리하고, 학습을 통해 찾아낸 인사이트를 어떻게 업무에 접목할 것이며, 교육에 참가하는 구성원들에게 어떤 지원이나 혜택을 줄 수 있을지 고민해봅시다.

→ 회사가 주관하는 교육 이외에 구성원들이 스스로 진행하는 교육·학습 모임을 진흥할 필요가 있는지, 필요하다면 그 방법은 무엇일지 떠올려봅시다.

대외협력과 대외관계

사업에는 외부 사람/조직과의 협력과 경쟁과 거래가 항상 뒤따릅니다. 따라서 회사 바깥의 사람/조직과 어떤 관계를 가질 것인지에 대한 원칙을 세우는 것도 중요합니다. 우리가 앞에서 회사 내부 구성원끼리 통용되는 수익 배분, 업무 문화, 노동정책 등을 정했듯이, 이제는 회사 바깥에서 만나는 사람/조직에게 통용될 정책을 생각해봅시다.

→ 외부 사람/조직과 협업 관계를 맺기 위한 조건으로는 무엇이 있을까요? 업체 선정 조건, 협업(외주)을 맡길 수 있는 업무의 종류, 내부에서 진행하던 업무를 외부 협업으로 돌릴 때 취해야 할 조치, 표준업무계약이나 표준 견적서같이 준비해야 할 양식 등을 고민해봅시다.

→ 협업 파트너와의 업무에서 특별히 지켜져야 할 기본권이나 노동정책, 또는 넘지 말아야 할 '관계의 선'은 무엇이 있을까요?

→ 대외적으로 보았을 때 여러분의 회사가 특별히 협력을 모색해야 하는 사람/조직이 있을까요? 예를 들어 사업장 인근의 사업체나 지역 주민과 협력하여 특별히 긴밀한 관계를 유지할 필요가 있을 수 있습니다.

→ 같은 산업군에 속하는 경쟁 회사라 하더라도, 영원한 원수지간(?)이 아닌 이상에는 시장 안에서 서로 관계를 맺게 됩니다. 경쟁사와의 관계를 유지하고 발전하는 데 있어서 어떤 원칙을 지켜야 할까요?

회사의 의사결정기구

이제 헌법 만들기의 가장 어려운 부분에 왔습니다. 지금까지 정한 회사 운영의 원칙이 실현될 수 있게끔 회사를 운영하는 권력이 작동하는 방법을 섬세하고 치밀하게 설계해야 합니다. 이 시스템에 조금이라도 빈틈이 생기면 회사를 운영할 때 큰 혼란이 생기니까요. 이 주제는 결국 회사에서의 의사결정, 행정, 구성원 감사와 징계 등의 역할을 어떻게 나누느냐에 대한 문제입니다. 마치 민주주의 국가에서 권력을 입법·사법·행정으로 나누어서 독립적으로 행하는 삼권분립의 원칙을 세우는 것과 비슷합니다.

그중에서 의사결정기구에 관한 내용을 제일 먼저 생각해보겠습니다. 우리의 목표는 민주주의 운영 원리를 충실히 구현하면서, 동시에 회사의 규모에 맞지 않게 지나치게 비현실적이거나 비효율적이지는 않으며, 제도의 허점이 악용될 여지를 최대한 차단한 권력 운영 구조를 만드는 것입니다.

의사결정기구의 의안과 입법 권한

통상적인 회사에서는 회사 운영에 관한 대부분의 권한이 대표 1인에게 집중되어 있습니다. 그러나 우리는 회사 구성원을 모아 만든 의사결정기구가 회사 운영에 대한 일정한 권한을 갖게 하려고 합니다. 이를 위해 의사결정기구에서 어떤 의안을 가지고 논의를 할 수 있는가, 또 (헌법 체계 안에서 지켜지는) 회사 규칙으로 어떤 내용을 입법할 수 있는가에 대해 헌법에 명시해야 합니다. 이 주제에 대해서는 스튜디오 하프-보틀의 예시를 보여드리겠습니다. 여기서 추가하거나 뺄 내용을 고민해봅시다.

→ 스튜디오 하프-보틀의 기본코드에서는 의사결정기구인 "구성원 총회"가 다음의 안건을 논의하도록 하고 있습니다(제37조3항).
- 세부코드의 제정/개정/폐지
- 회사 사업 부문의 현황/결산/계획 보고와 질의응답
- 회사 운영의 현황/결산/계획 보고와 질의응답

- 회사 재정 상황 보고와 질의응답
- 전시, 발표회, 교육, 대외교류, 구성원 교류, 수상 공모 등 대내외 행사의 현황·결산·계획 보고와 질의응답
- 신규 직원 채용계획 의결
- 협력원의 신규가입 승인 및 제명
- 대표의 신임/불신임 결의
- 대표가 대외적으로 회사를 대표하는 직접·간접적인 행위에 대한 감사 및 질의응답

→ 또한 "구성원 총회"는 다음 사항을 회사 규칙(세부코드)을 입법함으로서 결정하도록 하고 있습니다(제42조).

- 직원의 임금, 노동시간, 휴가, 노동형태에 대한 규칙
- 직원의 안정된 노동을 위해 필수적인 노동환경 조건 규칙
- 직원의 노동, 학습, 생활을 장려하는 복리후생에 대한 규칙
- 정기적인 직원 평가에 대한 규칙
- 협력원과 회사의 표준계약 내용, 계약금 산정 규칙
- 노동조합과 회사의 단체협약 절차 및 규칙
- 회사 자본금 및 이익금의 적립과 운용에 대한 규칙
- 회사 재무·세무·재산·노무관리 업무의 수행 또는 위탁에 대한 규칙
- 회사 사업 부문의 신설 및 폐지
- 회사의 대외적 표준계약 내용, 계약금 산정 규칙
- 회사 작업물의 관리 및 대외 공표에 대한 규칙
- 총회조직법, 대표선거법, 징계절차법
- 본 기본코드가 지정한 사항
- 그 외 대한민국 법률에 따라 사업자가 명문화해야 하는 규칙
- 구성원이 아닌 사업자와의 항시적 협력에 관한 협정, 외부기구와 관련된 협정, 회사의 재정 부담이나 세부코드의 개정 또는 구성원의 신분 변화를 일으키는 협정에 대한 비준

이제 이런 사항들을 결정할 의사결정기구를 어떻게 만들지 고민해봅시다.

의사결정기구 (1): 구성원 총회

스타트업 업계에서 소위 '피자 두 판의 법칙'이라고 불리는 것이 있습니다. 피자 두 판으로 끼니를 때울 수 있는 10명 이내의 규모로 팀을 짜야, 일상 업무를 하기에 적당한 수준의 커뮤니케이션이 이루어진다는 것입니다. 이와 비슷하게, 회사의 규모가 10~20명 정도로 충분히 작아서 구성원 모두가 한자리에 모여서 의사소통과 의사결정에 활발하게 참여할 수 있다면, 구성원 총회를 통해 의사결정을 하는 것이 가장 깔끔한 방법입니다.

→ 조직의 규모로 보았을 때 구성원 총회를 통해 의사결정을 하는 것이 적절할까요?

→ 구성원 총회의 이름을 정합시다. 사소해 보이지만 다른 부서나 회사 바깥의 기관과 헷갈리지 않게 이름을 잘 짓는 것이 매우 중요합니다!

→ 구성원 총회는 얼마나 자주 열려야 할까요? 1년에 최소한 몇 번의 정기적인 총회가 열려야 할까요?

→ 구성원 총회는 어떻게 소집하고, 누구에게 사회권이 있어야 할까요?

→ 구성원 총회의 의결은 몇 명의 찬성을 얻어서 이루어지게 할까요? 일반적으로는 '회의에 과반이 출석하고, 출석한 사람의 과반이 찬성'하면 의결되는 것으로 하지만, 규모가 작은 회사인 경우 '고작' 구성원의 절반만 찬성하는 안건을 그대로 실행해도 될 것인지 고민해봐야 합니다. 스튜디오 하프-보틀은 "전체 구성원의 2/3가 출석하고, 출석한 구성원의 2/3가 찬성"해야 의결된 것으로 처리하고 있습니다(제40조1항).

→ 구성원 총회를 오프라인이나 온라인에서 진행할 때 그리고 총회 결과를 공개할 때 반드시 지켜야 할 절차는 없을까요?

의사결정기구 (2): 구성원 의회

조직의 규모가 커질수록 구성원 전체가 모이기 힘들어지므로 구성원을 대표할 의원을 선출하여 그들로 꾸려진 의회에서 의사결정을 내리고 이를 구성원 전체에 공고하는 방식을 써야 합니다. 의회가 운영되는 방식 자체는 구성원 총회와 크게 다를 것이 없으므로 여기서는 의회를 구성하는 방법에 대해 집중적으로 고민해봅시다.

→ 의회의 형태를 단원제와 양원제 중 어떤 것으로 선택할까요?
  - 한국처럼 의회를 1개만 두는 형태를 '단원제 의회'라고 합니다. 단원제 의회는 의사결정이 빠르게 이뤄진다는 장점이 였습니다.
  - 미국이나 일본처럼 상원·하원을 두는 형태를 '양원제 의회'라고 합니다. 양원제 의회는 여러 단위별로 의견을 모아야 하는 경우에 적합합니다. 예를 들어 '하원'에서는 N명의 구성원마다 1명씩 의원을 선출해서 구성원 전체의 의견을 인구비례에 맞게 반영토록 하고, '상원'에서는 부서 또는 지점별로 같은 수의 의원을 선출해서 작은 규모의 부서/지점이 내세우는 요구도 충분히 반영하도록 하는 방식입니다.

→ 의회의 이름을 정합시다. 사소해 보이지만 다른 부서나 회사 바깥의 기관과 헷갈리지 않게 이름을 잘 짓는 것이 매우 중요합니다!

→ 의회 의원이 될 수 있는 자격을 좀 더 강하게 제한할까요? 예를 들어, 구성원 중에서도 회사 재직 기간이 N년 이상인 사람들만 출마할 수 있도록 조정할 수 있습니다.

→ 의회 의원의 임기를 몇 년으로 정하고, 정수는 몇 석으로 정할까요? 의원 숫자가 너무 많으면 회의 시 의사소통이 잘 이루어지지 않을 위험이 있고, 숫자가 너무 적으면 구성원들의 대의를 충분히 모으기 어렵습니다.

→ 회사 전체에서 여러 명의 의원을 선출할 때 선거제도를 어떻게 짤까요? 한국의 국회의원 선거처럼 지역구를 나누거나 후보들이 정당을 만들어서 출마할 수는 없기 때문에 이런 질문이 나오게 됩니다. 각국에서 사용되는 실제 선거제도를 참고하면 아래와 같은 방법을 떠올릴 수 있습니다. 아래의 방법들 이외에도 여러 방법이 있으니 '선거제도electoral system'로 검색해서 찾아보면 좋습니다.
  - 유권자가 한 표씩 행사해서 최다득표자 N명이 당선(중·대선거구 단순다수제).
  - 유권자가 최대 N명의 후보에게 한 표씩 행사해서 당선 기준이 되는 M표 이상을 받은 후보 전원이 당선(최저기준당선제).

- 유권자가 후보 한 명 한 명마다 찬반투표를 해서 찬성표가 가장 많이 나온 후보 N명이 당선(승인투표제).
- 유권자가 한 번에 M표의 투표권을 행사하도록 해서 원하는 사람 여러 명에게 각각 원하는 만큼 표를 매김(A에게 3표, B에게 0표, C에게 1표, …). 최다 득표자 N명이 당선(누적투표제).

→ 의회 의원을 선출하는 선거의 규칙을 정해야 합니다. 정견 발표를 비롯한 선거운동 방법, 투표 진행 방법(온라인 투표와 종이 투표를 같이 진행할 것이냐, 투표 기간은 어떻게 정하느냐 등) 등을 결정합시다.

→ 의회 의원이 사퇴하거나 회사를 퇴직할 경우를 대비해 보궐선거를 치르는 시기와 방법도 정해야 합니다.

→ 의회의 소집 주기, 사회권, 의결 방법, 그리고 회의를 진행할 때 반드시 지켜야 하는 절차를 정합시다.

→ 의회 속기록과 의회에서의 결정사항을 다른 구성원에게 공개하고 전달할 방법을 생각해봅시다.

회사의 행정, 감사 및 징계기구

민주주의 운영 원리가 완성되려면 의사결정기구에서 치열하게 토론해서 결정한 내용이 잘 지켜져야 합니다. 의사결정기구가 정한 규칙과 정책을 행정적으로 집행하고, 이것이 제대로 실현되고 있는지 평가하며, 규칙을 심하게 어기는 구성원을 징계하는 것도 중요한 일입니다. 그런 역할을 누가 맡아서 어떻게 실행할 것인지 정해봅시다.

행정기구 (1): 대표의 선출·해임

회사의 행정은 대표를 중심으로 집행됩니다. 대표는 의사결정기구의 결정을 집행하고, 의사결정기구로부터 위임받은 사항을 스스로 판단하여 집행하기도 합니다. 반대로 대표는 의사결정기구가 결정해야 할 주제를 먼저 안건으로 제안하기도 합니다. 대표는 그만큼 막강한 권한을 가지기 때문에 대표를 선출하거나 해임하는 과정을 정할 때에는 아주 세밀하게 접근해야 합니다. 충분한 리더십을 갖춘 최적의 대표를 선출하고, 또 대표가 잘못을 저지르면 충분한 책임을 지워 제때 해임할 수 있도록 말이지요.

→ 회사 대표를 선출하는 방법을 어떻게 정하고, 임기는 몇 년으로 정할까요? 일반적인 민주주의 국가들의 방식을 따라서 '대통령(대표) 중심제'와 '의원내각제'라는 두 가지 방식을 생각해볼 수 있습니다. 또는 두 방식의 특징을 조금씩 섞어서 사용할 수 있겠습니다.
  - 한국·미국·프랑스 등에서 쓰이는 대통령(대표) 중심제에서는 구성원의 직접선거로 선출된 대통령(대표)이 행정수반으로서 임기 동안 독자적인 행정을 꾸립니다. 대통령(대표)은 법률이나 사내 규칙을 심각하게 위반하여 탄핵의 방식으로 징계받지 않는 한 정해진 임기를 보장받습니다. 따라서 대통령(대표)은 자신의 행정적 무능함이 드러나서 구성원의 신임을 잃더라도 그것만을 이유로 사퇴하는 경우가 없습니다.
  - 영국·독일·일본 등에서 쓰이는 의원내각제에서는 구성원이 직접 선출한 의원들이 의회에 모여서 총리(대표)를 선출합니다. 의회는 자신이 지지하는 총리(대표)가 제안하는 입법과 의결사항을 승인하여 그가 수월하게 일할 수 있도록 합니다. 대신 총리(대표)는 행정수반으로서 상시 의회에 출석하여 행정에 대한 질의응답을 받습니다. 또한 총리(대표)는 행정적인 무능함으로 인해 의회의 지지를 잃으면 (과반수의 의원이 불신임을 선언하면) 반드시 물러나야 합니다. 따라서 총리(대표)의 임기는 언제든 종료될 수 있습니다.

→ 대표가 될 수 있는 자격을 좀 더 강하게 제한할까요? 예를 들어, 구성원 중에서도 회사 재즈 기간이 N년 이상인 사람들만 출마할 수 있도록 조정할 수 있습니다.

→ 대표를 선출하는 선거제도를 어떻게 짤까요? 이것 역시 아래와 같이 여러 방법을 생각할 수 있습니다. 스튜디오 하프-보틀은 선호투표제를 선택했습니다.
  - 유권자가 1표씩 행사해서 최다득표자 1인이 당선(단순다수제).

- 유권자가 1표씩 행사해서 과반 득표자가 나오면 그가 당선되고, 과반 득표자가 없을 경우 최다득표자 2인을 두고 결선투표를 진행(과반 당선 결선투표제).
- 유권자가 각각의 후보에게 일일이 찬반투표를 해서 찬성표가 가장 많이 나온 후보 1명이 당선(승인투표제).
- 유권자가 한 번에 M표의 투표권을 행사하도록 해서 원하는 사람 여러 명에게 각각 원하는 만큼 표를 매김(A에게 3표, B에게 0표, C에게 1표, …). 최다 득표자 1명이 당선(누적투표제).
- 유권자가 후보들을 선호하는 순서대로 번호를 매겨서 투표함. 과반의 유권자에게 1순위로 지목된 후보가 당선. 그런 후보가 없을 경우 최하위 후보가 탈락하고, 최하위 후보를 지목한 유권자의 표는 2순위로 지목된 후보에게 넘어감. 이 경우에도 과반 득표 후보가 없을 경우 다시 최하위 후보를 탈락시키는 방식으로 과반 득표 후보가 나올 때까지 진행함(선호투표제).

→ 대표를 선출하는 선거의 규칙을 정해야 합니다. 정견 발표를 비롯한 선거 운동의 방법, 투표 진행 방법(온라인 투표와 종이 투표를 같이 진행할 것이냐, 투표 기간을 어떻게 하느냐 등)을 결정합시다.

→ 만약 의원내각제 형식을 따른다면, 대표를 해임하기 위한 불신임 투표의 절차와 규칙도 정해야 합니다. 불신임 안건을 누가 어떻게 상정하고, 안건이 올라온 지 몇 시간 안에 투표를 할 것인지 등을 정해야 합니다.

→ 대표가 업무를 볼 수 없는 상황이 생길 때 누가 대표의 권한을 대행할 것인지 설정해야 합니다. 대표가 사전에 1명의 권한대행을 지정할 수도 있고, 아니면 어떤 직책을 맡은 구성원이 자동으로 권한대행이 되도록 할 수도 있습니다.

행정기구 (2): 대표의 권한과 의무, 부서와 TF

대표가 행정을 집행하기 위해서는 어떤 권한과 의무를 가지는지 정의해야 합니다. 대표가 모든 책무를 혼자서 진행할 수 없기 때문에(예를 들어, 사내 워크숍을 기획하고 추진하는 일을 대표가 혼자 할 수는 없습니다) 대표의 업무를 보좌할 구성원을 모아서 사내 부서나 TF를 설치할 근거도 헌법에서 마련하는 것이 좋습니다. 대표의 책무를 분명하게 정의해 대표가 권한을 남용하는 위험을 막고, 동시에 대표가 독자적으로 수행할 수 있는 업무에 대해서는 충분한 독립성과 효율성을 확보할 수 있습니다.

스튜디오 하프-보틀의 기본코드에는 제45조(대표의 역할)와 제46조(대표의 권한)를 통해 대표의 책무를 이렇게 정의하고 있습니다.

→ 대표는 대외적으로 회사를 대표한다. 대표는 회사의 독립과 계속성을 유지하고, 총회의 의결을 수행하며, 회사 기본코드를 준수할 의무를 진다.

→ 대표는 회사 운영방침을 정한다. 대표는 총회 의결과 자신의 운영방침을 실행하기 위해 직원에게 직무를 부여하고, 협력원과 협업하여 작업을 수행한다.

→ 대표는 회사 운영방침에 대한 책임을 진다. 대표는 총회에 운영 상황을 보고하고, 질의에 응답하며, 총회의 불신임 내용을 따를 의무가 있다.

→ 대표는 세부코드와 총회 의결에 따라 다음의 권한을 행사할 수 있다.
  - 신규 직원의 처우, 직원의 직급을 결정할 권한
  - 회사를 대표해서 노동조합과의 단체협약, 개별 직원과의 노동계약을 맺을 권한
  - 회사를 대표해서 직원이 아닌 대상(협력원 등)과 업무계약을 맺을 권한
  - 회사를 대표해서 대외협정을 맺고 총회의 비준을 요청할 권한
  - 회사 사업 부문의 구체적인 집행을 총괄할 권한
  - 회사 운영 및 유지의 구체적인 사항을 총괄할 권한
  - 회사를 대표해서 회사 작업물을 대외에 공표할 권한

→ 대표는 전항의 권한을 보좌하거나 위탁하는 업무를 직원 또는 협력원에게 부여할 수 있다. 다만 이는 직원 또는 협력원이 맺은 노동계약 또는 업무계약의 업무 범위를 본질적으로 침해하지 아니한다.

→ 대표의 권한은 사업자의 소유권과 독립되어 분리된다.

감사 및 평가 기구

감사의 역할은 회사의 회계 내역을 감사하고 회사의 행정과 사업을 평가하여 의사결정기구에 보고하는 것입니다. 특히 회사 자금이 불법적으로 사용되거나 회사의 집행 과정에서 법률이나 사내 규정을 위반한 상황, 그리고 회사에 큰 손실이 발생할 상황을 파악하는 것이 감사의 중요한 역할입니다. 규모가 작은 기업에서는 의사결정기구가 직접 대표의 행정을 평가하고 감시·견제할 수 있지만, 기업 규모가 커질수록 이 역할을 평상시에 전담하는 감사를 둘 필요가 생깁니다. 특히 한국에서는 법인인 기업이 반드시 감사를 두고 감사의 조사 내용을 매년 보고하도록 하고 있습니다.

→ 조직의 규모나 회사 행정의 복잡성 같은 여건 그리고 한국 법률체계의 조건을 따졌을 때 의사결정기구와는 별도의 감사를 선임할 필요가 있는지 검토해봅시다.

→ 감사를 선출하는 방법을 어떻게 정하고, 임기는 몇 년으로 정할까요? 감사원 제도를 두는 민주주의 국가의 경우, 보통 대표(대통령/총리)가 감사(감사원장) 후보 1인을 지정하고 의사결정기구(의회)의 동의를 얻어서 정식으로 임명하는 방식을 따르고 있습니다.

→ 감사가 의사결정기구에 정기적으로 보고할 사안을 정합시다. 회계 내역 감사 같은 기본적인 것은 물론이고, 감사의 평가를 별도로 받아야 하는 사업과 행정의 종류를 지정할 수 있습니다. 또 감사가 정기적으로 조사한 내용을 언제 어떤 절차를 거쳐서 의사결정기구에 보고해야 하는지 지정합시다.

→ 감사가 어떤 사안에서 문제점을 발견할 경우 이를 공고하고 의사결정기구에 보고하는 절차를 고안해봅시다.

→ 반대로, 의사결정기구나 대표가 감사에게 어떤 사안을 조사하도록 지정하는 절차도 고안해봅시다.

징계기구 (1): 징계를 심의할 권한

회사 헌법을 비롯한 사내 규칙을 심각하게 위반하거나 회사 업무와 관련하여 범죄를 저지른 구성원은 징계를 받아야 합니다. 여기서 우리가 고민할 지점은 누구에게 징계를 심의할 권한을 주느냐는 것입니다. 징계 심사를 최대한 공정하게 하기 위해서는 마치 경찰·검찰·고위공직자범죄수사처와 법원이 분리되어 있듯이, 사안을 조사할 권력(수사권)과 징계 여부 및 징계 수위를 결정할 권력(사법권)이 분리되어 있어야 합니다. 그러나 회사 규모가 작을수록 이러한 역할을 여러 사람에게 쪼개서 배정하기가 어려운 법입니다. 아래와 같은 방법들을 고민해보고 어떤 방법을 따를 것인지 신중하게 결정합시다.

→ 대표에게 수사권과 사법권을 모두 부여할까요? 이 방법은 수사와 징계가 조용하고 빠르게 이루어진다는 장점은 있지만, 대표 1인에게 너무 많은 권한을 몰아주어 개인의 입장이 지나치게 많이 반영될 위험이 큽니다.

→ 의사결정기구가 직접 사안을 조사하고 징계 여부를 의결하도록 할까요? 징계 과정이 가장 투명하게 공개된다는 장점은 있지만, 무분별한 공개로 인해 무죄추정원칙이 깨지거나 성폭력 사건에 대한 2차 가해 등이 일어날 수 있고, 이른바 '여론 재판'으로 흐를 위험이 있습니다.

→ 수사권을 가진 감사 부서(또는 감사 개인)나 '징계조사위원회'를 꾸리고, 사법권을 가진 '징계결정위원회'를 따로 구성까요? 이 경우 조사와 징계를 가장 공정하게 진행할 수 있는 구조가 마련되기는 하지만, 이 위원회를 모두 꾸릴 수 있을 정도의 규모를 가진 회사는 그렇게 많지 않습니다.

→ 조직의 환경에 따라서 위의 세 가지 방법을 적절히 섞은 방법을 내놓을 수도 있습니다. 수사권과 사법권을 동시에 가진 '징계심의위원회'를 꾸려서 사안 조사와 징계 여부를 압축적으로 결정하도록 하는 방법이 있습니다. 또는 대표에게 수사권과 사법권을 모두 부여하되 감봉이나 정직·해직 같은 중징계를 확정하기 위해서는 의사결정기구의 인준을 받도록 하는 일종의 배심원 제도를 도입할 수도 있습니다.

징계기구 (2): 어떻게 징계할 것인가

징계를 심의하기 위해 사안을 조사하고 징계를 결정하는 절차도 헌법에 담겨야 합니다. 피해를 받았거나 부당함을 발견한 구성원이 걱정 없이 제소할 수 있도록 해야 하고, 피해자를 보호하고 2차 가해가 없도록 막아야 하며, 피제소인에 대해 조사를 하는 동안 무죄추정원칙을 지키고 근거가 없는 소문이 확산되지 않도록 하고, 징계 여부와 징계 내용을 공명정대하게 결정하여 시행토록 하는, 그런 어려운 과정을 헌법에 담기 위해 아주 치밀하게 고민해야 합니다.

→ 먼저 구성원이 징계받을 수 있는 행위를 정의해야 합니다. 회사 안에서 또는 회사 외부에서 기본권을 명백히 침해하는 행위를 했거나, 회사 규칙에 명시된 징계사유를 저지른 경우 등을 제시할 수 있습니다.

→ 징계의 종류를 정해야 합니다. 일반적인 회사에서는 주의, 경고, 감봉(일정 기간 동안 임금을 삭감), 정직(일정 기간 동안 업무를 중단시키고 임금을 주지 않음), 해직이라는 5단계를 사용합니다. 이때 징계를 우회해서 쓰는 꼼수(예를 들어, 해직 처리를 하지 않고 100년간 정직 처리하는 경우)를 쓰지 말라는 의미에서 감봉과 정직의 기간과 임금 삭감액의 상한선을 두기도 합니다.

→ 징계와 함께 부과할 수 있는 별도의 조치에 대해서도 언급해야 합니다. 징계가 확정된 제소인에 대한 사회봉사명령, 재발 방지 교육 이수, 피해자 접근 금지, 부서/사업장 이동 발령 등의 조치를 내려야 하기 때문입니다.

→ 징계를 심의하는 과정을 정해야 합니다. 구성원을 징계해달라고 제소하는 절차, 제소당한 피제소인에게 이를 통보하는 절차, 제소인·피제소인·참고인을 따로 불러서 조사하는 절차 등을 자세히 서술해야 합니다. 특히 앞서 말한 무죄추정원칙, 2차 가해 문제, 제소 사실이 무분별하게 확산되는 문제 등을 신중히 고려해야 합니다.

→ 징계를 확정하고 시행하는 과정을 정해야 합니다. 징계를 결정하는 집단(의사결정기구, '징계결정위원회' 등)에서 징계를 의결하거나 인준하는 과정, 징계 사항 또는 제소 기각을 공고하는 방법, 확정된 징계와 후속 조치를 시행하는 방법 등을 정해야 합니다.

법인인 회사의 헌법과 한국 법률체계

회사 권력 운영의 문제는 사실 회사 안에서 정한다고 끝나는 문제가 아닙니다. 만약 당신의 회사가 법인이라면 법인의 기본 규칙(즉 법인의 헌법 격)인 정관을 작성하고 공증을 받아야 하는데, 이 정관의 내용은 한국의 법률(〈민법〉, 〈상법〉, 〈협동조합기본법〉 등)에서 정하는 법인의 권력 운영 원리를 반드시 따라야 합니다. 정관이 한국 법률체계에 맞지 않으면 정관의 효력이 무효가 되고 법인 설립이 취소됩니다. 가장 나쁜 상황을 예로 들면, 잘못을 저지른 대표를 회사 정관에 따라 '탄핵'하고 새 대표가 취임하더라도 회사 정관이 국가 법률체계에 맞지 않아서 효력이 없어진다면 '탄핵'당한 전 대표가 계속 대표로 남아서 법률적인 권한을 행사하더라도 다른 구성원들이 이를 막을 방법이 없습니다.

따라서 회사 헌법을 만들 때에는 한국 법률체계를 따르는 범위 안에서 독자성을 가져야 합니다. 한국 법률체계와 회사 헌법이 호응하는지 확인하기 위해서는 정관을 작성할 때 전문가의 의견을 반드시 들어야 합니다. 변호사, 법무사, 또는 법인설립등기를 대행하는 법무·세무 서비스를 통해 정관을 작성하도록 하고, 이때 여러분이 만든 헌법의 내용을 전문가에게 공유하여 정관에 반영토록 할 수 있습니다.

또는 국가에서 예시로 제공하는 가장 무난한 정관안, 즉 예시표준정관을 찾은 뒤 이를 헌법의 내용에 맞게 수정하는 방식으로 여러분이 직접 정관 초안을 만들 수도 있습니다. 법무부가 운영하는 "찾기쉬운 생활법령정보(easylaw.go.kr)"에서 "주제별 생활법령 > 사업" 주제를 보면, 법인·회사의 종류에 따라 정관을 작성하는 법과 예시표준정관을 제공하고 있습니다. 물론 이런 경우에도 반드시 정관 초안을 전문가에게 검토받아야 합니다.

의사결정기구 (3): 법인의 주주/조합원/회원 총회

한국 법률체계에서 개인사업자가 아닌 법인은 보통 최고의결기관으로 주주총회, 조합원총회, 회원총회 등의 '총회'를 두어야만 합니다. 이 총회는 조직의 주인으로서 자본(투자금, 출자금, 조합비, 회비 등)을 내지만 조직에서 일을 하지는 않는 사람들(주주, 조합원, 회원 등)이 모이는 총회를 의미합니다. 따라서 이 총회는 앞서 제시했듯이 조직에서 일하는 사람들로 구성된 '구성원 총회'와는 성격이 많이 다릅니다.

한국 법률체계에서 정의하는 조직의 목적은 주주/조합원/회원의 의사에 따라 사업을 하는 것입니다. 그럼에도 사안에 따라서는 실제로 일하는 구성원들의 의사도 주주/조합원/회원 총회에서 충분히 대변되어야 합니다. 따라서 앞서 이야기한 '구성원 총회'나 '구성원 의회'의 의견이 주주/조합원/회원 총회에 충분히 반영될 수 있는 장치를 마련해야 합니다.

→ 주주/조합원/회원 총회가 의결하지 않고, 구성원 총회나 구성원 의회에 의결권을 위임할 사항들을 생각해봅시다.

→ 또는 구성원 총회나 구성원 의회에서 의결한 사항을 주주/조합원/회원 총회의 안건으로 상정하도록 하여, 큰 문제가 없으면 주주/조합원/회원 총회가 이견 없이 안건을 통과시키도록 하는 방법도 고려할 수 있습니다.

→ 아예 구성원이 직접 주주/조합원/회원이 되도록 하는 방법도 가능합니다. 직원이 미리 정해진 싼값에 주식을 살 수 있도록 하는 스톡옵션stock option 제도나, 일정 비율 이상의 직원들이 조합원으로 가입하는 직원협동조합의 형태가 그 예시라고 하겠습니다.

행정기구 (3): 법인 이사·감사의 선출·해임

한국 법률체계에서 개인사업자가 아닌 법인은 보통 주주/조합원/회원 총회에서 이사와 감사를 선출하고, 총회나 이사회에서 이사 중 1명을 대표(대표이사/이사장)로 선출합니다. 이 과정에서 구성원의 의사가 최대한 반영하려면 어떤 방법을 써야 할까요?

→ 가장 깔끔한 방법은 앞서 이야기한 대로 구성원이 직접 주주/조합원/회원이 되도록 하는 방법입니다. 구성원이 직접 주주/조합원/회원 총회에서 이사·감사의 선출과 해임에 관여할 수 있으니까요.

→ 또 다른 방법으로 이사직의 일부를 회사의 노동자(노동조합)가 선출하거나 추천한 사람으로 배정해야 한다는 규정을 둘 수도 있습니다. 이것을 '노동이사제(근로자이사제)'라고 부르는데 독일·프랑스·스웨덴 등 유럽 19개국에서 시행되고 있습니다. 이들 국가에서는 공공기관 또는 민간 회사에 대해 일정 비율의 이사직(최소 1명, 최대 전체의 1/2까지)을 노동이사로 선임하도록 의무화하고 있습니다. 한국에서도 서울·부산·경기 등 10개 광역시·도가 공공기관 이사 중 1~2명을 노동이사로 배정하는 제도를 운영하고 있습니다.

→ 구성원들이 1인 1표를 행사해서 직접 선출한 대표 내정자 1인을 단독추천 대표이사/이사장 후보로 이사회에 올리고, 특별한 이견이 없는 한 이사회가 이를 반드시 인준하도록 하는 방법도 있습니다.

창업(이라고 쓰고 사업자등록증을 만들었다고 읽는 일)을 한 지 1년 조금 지났다. 사업자를 내는 일은 매우 쉽지만 사업을 해나가기는 매우 어렵다는 걸 매번 실감하고 있다. 경험이 쌓이면서 '이 일을 왜 하는가'와 '이 일을 어떻게 해낼 것인가'에 대해 생각한다.

일단 '이 일을 어떻게 해낼 것인가'란 질문과 먼저 마주친다. 클라이언트가 무리한 요구를 해왔다, 과연 어떻게 할 것인가. 일이 끊길까 두려워 적은 비용에도 일을 맡았다, 과연 어떻게 해낼 것인가. 적자가 누적되고 있다, 과연 어떻게 해야하는가. 함께 일할 동료를 찾았다, 과연 어떻게 함께할 것인가. 함께 일하는 동료가 불편함을 호소한다, 아 정말 이걸 도대체 뭘 어떻게 하란 말인가.

이러저러한 과정을 겪으면서 새삼 깨닫는다. 사업을 한다는 것은 사업자등록증을 내는 것뿐 아니라 도처에 도사리고 있는 '잠재적이고 실재적인' 문제들을 그때그때 해결해나가는 일이다. 어떤 문제는 매우 익숙하다. 어떤 문제는 되게 쉽다. 어떤 문제는 의외로 어렵고, 어떤 문제는 듣도 보도 못한 것들이다. 그때마다 대충 막는 식으로 일하다 보면 머지 않아 만신창이가 된 회사와 자기 자신을 확인하게 된다.

'원리만 알면 매우 쉬워.' 어릴 때, 당장 1점이 아쉬운데 이게 뭔 소린가 싶었다. 이제는 안다. '원리'는 사실 '원칙'이고 '기준'이다. 문제를 해결하려면 정확한 기준과 확고한 원칙이 필요하다. 과연, 어떻게 할 것인가. 원칙과 기준을 따르면 된다. 이때 마주치는 것이 바로 '이 일을 왜 하는가'이다.

왜 이 일을 하는가. 요컨대 글을 왜 쓰는가. 돈, 경제적 이유라면 더 늦기 전에 다른 일을 찾는 게 낫다. 사명감? 애정? 습관? 이렇게 '왜'라는 질문에 답을 찾는 과정은 사업의 본질을 찾는 일이다. 무엇보다 이것은 일하는 사람(들)의 가치관과 세계관, 즉 윤리로부터 파생된 결과다.

생각 3.
원리, 원칙, 기준, 가치

차우진, TMI.FM 대표/문화평론가

다시 처음으로 돌아가서, 과연 〈우리 회사 헌법 만들기〉는 누구를 위한 책인가. 내가 볼 때는 '이 일을 왜 하는가' 되묻는 사람들을 위한 책이다. 또한 '이 문제를 어떻게 해결할 것인가' 고민하는 사람들을 위한 책이다. 동시에 '누구와 어떻게 일을 잘 해낼 것인가', '나는 어떤 동료가 되고 싶은가', '나는 어떤 대표가 되려고 이러는가' 혹은 '어떻게 하면 좌절하지 않고 사랑하는 일을 사랑할 수 있을지' 자문하는 사람들을 위한 책이다.

이것을 '회사의 핵심 가치'라고 불러도 좋다. 요즘 유행하는 소위 ESG(Environmental, Social, Governance)의 맥락으로 봐도 좋다. 중요한 건 그저, 원리와 원칙이다. 오케이, 뻔하다. 그런데 이 뻔한 얘기를 질리게 반복하고 반복할 때 그게 비로소 원리와 원칙이 된다. 선생님들은 늘 기초문제부터 반복해서 풀라고 했다. 나는 응용문제부터 풀려고 했다. 시험을 못 본 게 당연하다. 〈우리 회사 헌법 만들기〉 같은 책이 조급하고 서투른 우리에게 선생님이 되고, 가이드가 되고, 선배가 될 것이다. 덕분에 매우 부족하지만 아주 조금은 성장할 수 있을 거다. 그렇게 믿기로 하자. 수험생이 된 기분으로 매일같이 문제를 마주하고 문제를 해결하려는 여러분을 응원한다.

제3장.
참고할 수 있는

예시 문헌들

각 조직의 헌법 격에 해당하는 문서들을 살펴보면 모두 민주주의 운영 원리를 바탕으로 하다 보니 내용이 비슷할 것입니다. 그럼에도 저희는 많은 예시를 드려서, 글로 보면 미세한 차이이지만 회사에서 헌법을 운영할 때 커다란 차이로 나타날 수 있는 특징들을 알려드리려고 합니다. 여러분이 주목해서 확인하면 좋을 특징으로는 이런 것이 있습니다.

헌법 제정·개정 당시의 역사적 맥락

헌법이란 그 헌법이 만들어지기 전에 구성원이 겪은 일들을 되돌아보며 과거의 문제점은 고치고 필요한 내용을 추가하는 방식으로 만들어집니다. 따라서 헌법이 만들어질 당시의 역사적 맥락과 시대정신을 이해한 뒤 헌법을 읽으면 의미를 이해하기 더 좋습니다.

내용의 구조와 순서

헌법의 구조와 조문 순서에 따라서 그 헌법이 좀 더 근본적이고 중요하다고 여기는 내용을 파악할 수 있습니다. 헌법은 조문이 많다 보니 마치 단원별로 나뉜 교과서처럼 구조가 짜여 있습니다. 여러분도 '제A장B절의 제C조그항' 같은 표현을 들어본 적 있을 것입니다. 각 장과 절은 서로 비슷한 주제를 하나의 단위으로 묶어서 서로 동등한 중요도를 부여한 것이라고 할 수 있습니다. 또한 헌법은 보통 원칙이나 가치관에 해당하는 내용을 중요한 순서대로 앞에 나열하고, 그 원칙을 실행하기 위한 구체적인 방법을 뒤에 나열합니다.

명시된 조직의 목적, 기본권, 인권, 지향과 가치관

헌법은 당연히 좋은 뜻의 내용으로 채워져 있습니다. 하지만 회사를 운영하기 위해 헌법의 내용을 구체적으로 해석하다 보면 특정 단어를 넣느냐 빼느냐에 따라 조직의 우선순위와 방향성이 완전히 다르게 해석되어버립니다. 요컨대 헌법이 정의한 회사의 경영전략 정책이 영업이익과 시장점유율 중에서 무엇을 더 중요하게 서술했느냐에 따라서 손해를 보더라도 시장점유율을 늘일지, 점유율이 축소되더라도 확실한 이익을 얻을지 결정하게 됩니다. 서로 다른 헌법을 비교해 읽으면서 얼핏 같은 내용처럼 보이지만 미묘한 차이로 인해 상당히 다르게 해석되는 경우를 살펴봅시다.

권력 운영과 정책의 구조

이 책 2장 "프로그램 설계하듯 헌법 내용 고민하기"에서 살펴보았듯 조직마다 운영에 필요한 권력이 배분되고 쓰이는 구조가 다르고, 회사 운영을 위해 도입하는 정책도 다릅니다. 이런 내용도 헌법에 적혀 있으므로 권력 운영 구조와 정책 구조가 서로 어떻게 다른지 비교하며 봅시다.

민주주의 운영 국가의 헌법

헌법이라는 체계를 가장 먼저 사용한 집단이 바로 국가입니다. 약속된 규정에 따라 왕권을 제한한다는 개념을 처음으로 도입한 〈대헌장(마그나 카르타Magna Carta)〉이 1215년 영국에서 발표된 이후, 약 800년간 여러 국가에서 다채로운 형태의 헌법이 등장했습니다. 기본권을 정의하고 선언하는 내용, 입법·사법·행정부의 권력이 작동하는 원리, 주요 정책을 선언하고 정리하는 방법 등을 살펴보고 필요에 맞게 참고합시다.

이 책에서는 크게 두 가지 부분에 주목합니다. 먼저 큰 틀에서 헌법의 구조, 정신, 기본권과 가치관을 살펴보기 위해 한국·일본·독일·스페인·미국의 헌법(기본법)을 소개합니다. 그다음으로 세부적인 정책이나 권력구조를 고민할 때 참고할 수 있는 특이한 사례로 프랑스·홍콩·타이완·스위스의 헌법(기본법)을 소개합니다. 안정적으로 기본권을 지키고 민주주의를 실행하는 국가 위주로 선택하다 보니 예시의 대부분이 소위 서방권의 제일세계 국가임을 양해 부탁드립니다.

주요 국가 헌법의 한국어 번역본은 한국 법제처가 운영하는 세계법제정보센터(world.moleg.go.kr)의 "세계법제정보" 또는 한국 헌법재판소 헌법재판연구원(ri.ccourt.go.kr)의 "연구활동" 등에서 찾아볼 수 있습니다. 다만 번역본 완성 이후에 각 국가 별로 소소하게 개정된 헌법의 내용은 적용되지 않은 경우가 있으며, 이러한 내용 중 일부가 비공식적으로 한국어로 번역되어 위키위키 형태의 웹서비스(위키피디아 등)에 올라와 있기도 합니다.

대한민국헌법

"대한민국은 민주공화국이다(제1조1항)"라는 문장으로 시작하는 〈대한민국헌법〉은 독자 여러분에게 가장 익숙한 헌법일 것입니다. 익숙한 헌법을 먼저 읽으면서 헌법의 형태와 구조에 대해 이해한 뒤에 다른 나라 헌법을 읽으면 더욱 이해가 잘 될 것이라는 점에서 참고 예시로 소개해드립니다.

〈대한민국헌법〉은 대한민국이 추구하는 이념을 전문前文에서 밝히고, 국민의 기본권을 정의하고, 국회와 대통령과 행정부와 법원으로 이루어진 권력 관계를 정의하고, 경제정책에 대한 간단한 가이드라인을 제시하는 내용으로 이루어져 있습니다. 저는 〈대한민국헌법〉이 특별히 자랑할 부분은 전문이라고 생각합니다. 3·1 운동과 4·19 혁명을 통해 압제에서 벗어난 경험, 사회적 폐습을 타파하고 사회 각 분야에서 균등한 기회를 바탕으로 능력을 최고도로 발휘하게 하겠다는 의지, 국민 생활의 균등한 향상과 세계평화·인류 공영을 이루어내겠다는 목표 등을 천명함으로써 우리가 헌법을 만들어야 하는 이유를 매우 진취적으로 보여주기 때문입니다. 같은 목표를 가지고 함께 회사에서 일하는 구성원들이 헌법을 만들 때 〈대한민국헌법〉이 보여주는 담대한 역사와 지향을 참고하는 것도 좋겠습니다.

공식 명칭	**대한민국헌법**
역사	1948년 제정, 1987년 현행 제도 도입, 이후 개정 없음
조직 목적	국민 생활의 균등한 향상, 항구적인 세계평화와 인류 공영에 이바지, 우리와 우리 자손의 안전과 자유와 행복을 영원히 확보할 것.
순서	총강 국민의 권리와 의무 국회 / 정부 / 법원 / 헌법재판소 선거관리 / 지방자치 / 경제 헌법개정
권력 운영	의원내각제적 요소가 들어간 대통령중심제 단원제 의회 지방자치가 가미된 중앙집권제
정책 제시	약간 구체적
주요 특징	담대한 역사와 지향을 담은 전문前文

〈대한민국헌법〉은 1987년에 마지막으로 개정된 후, 안타깝게도 35여 년간의 사회 변화에 대응하는 개정 작업이 이뤄지지 않았습니다. 한국에서는 민주주의 혁명이나 불법 쿠데타가 일어나야만 헌법이 바뀌었다는 역사가 있고, 이에 따라 평상시에 헌법 개정을 통해 사회가 나아갈 방향을 토론할 기회가 없었기 때문입니다. 2018년에 문재인 대통령이 헌법 개정안을 발의했으나 무산된 적이 있는데 이것이 그나마 그간의 사회 변화를 반영하고, 맞춤법 교정 및 비둔 수정을 거친 내용이라고 할 수 있습니다. 따라서 1987년 현행 헌법과 2018년에 발의된 헌법 개정안을 동시에 참고하기를 추천합니다.

한국의 현행 및 역대 헌법은 한국 법제처가 운영하는 국가법령정보센터(law.go.kr)에서 검색할 수 있습니다. 또한 2018년에 제안된 헌법 개정안의 내용은 한 개발자가 제작한 비공식 웹페이지 "2018년 제10차 개헌의 문재인 대통령 개헌안 비교(devunt.github.io/10th-amendment)"에서 확인하실 수 있습니다.

일본국헌법

전문을 주목할 헌법이 또 하나 있습니다. 19세기 아시아에서 헌법이라는 수단을 처음으로 도입한 일본은 지금까지 헌법을 딱 한 차례 개정했는데 그 결과물이 제2차 세계대전 패전 직후 만들어진 지금의 〈일본국 헌법〉, 속칭 '평화헌법'입니다. 한국인의 일반적인 생각과 달리, 일본 헌법은 전문을 통해 전쟁의 참화를 통렬히 반성하고 평화를 향하는 세계 보편의 가치를 추구하여 국제사회로 명예롭게 복귀하겠다는 의지를 직접 드러내고 있습니다. 이 과정에서 일본 헌법은 구성원으로부터 권력이 나온다는 민주주의 원리를 재확인하고, 평화와 자유와 존엄을 지켜왔던 인류의 역사를 돌아보면서 국제적인 인류 보편의 가치를 재확인했습니다. 회사의 헌법을 만들 때 인류 보편의 지향과 가치관으로부터 출발하여 회사의 필요성을 확인하기를 원한다면 일본 헌법을 참고할 만합니다.

공식 명칭	**일본국헌법 日本国憲法**
역사	1889년 헌법 도입, 1947년 현행 헌법 제정, 이후 개정 없음
조직 목적	우리와 우리 후손을 위하여 모든 국민의 화합에 의한 성과와 우리나라 전 국토에 걸쳐 자유가 가져오는 혜택을 확보하며, 정부의 행동에 의한 전쟁의 참화가 다시 일어나지 않도록 함. 평화를 유지하며, 전제와 예종, 압박과 편협을 지상에서 영원히 제거하고자 노력하고 있는 국제사회에서 명예로운 지위를 얻고자 함.
순서	천황 전쟁의 포기 국민의 권리와 의무 국회 / 내각 / 사법 재정 / 지방자치 개정 / 최고법규
권력 운영	의원 내각제 입헌군주국 양원제 의회 강력한 지방자치가 포함된 중앙집권제
정책 제시	모호함
주요 특징	과거에 대한 반성 위에서 보편적인 가치관을 지향하는 전문

독일연방공화국 기본법

독일이 제2차 세계대전에서 패배하고 동서독으로 분단된 뒤, 새로 건국된 서독(독일연방공화국)에서는 통일 이전의 임시 헌법, 즉 "기본법"을 제정했습니다. 독일은 이미 1919년에 첫 민주주의 헌법(속칭 '바이마르 헌법')을 도입하면서 법리적으로는 구조의 짜임새가 훌륭한 선진적 헌법을 선보인 바 있습니다. 그러나 그 헌법을 지키면서 집권한 나치당이 헌법을 사실상 정지시키고 인권을 유린한 역사가 있기 때문에 독일 기본법은 여기에 대한 반성으로부터 시작합니다.

따라서 독일 기본법은 ① 국가에 대한 소개에 앞서 먼저 반드시 지켜야 할 기본권을 세부적으로 정의하고 ② 연방정부와 주정부의 관계와 역할, 재정 사용에 대한 지침 등을 세부적으로 제시하여 구성원과 권력이 지켜야 할 가이드라인을 꼼꼼히 제공합니다. 이 법은 여전히 헌법이 아닌 임시 성격의 기본법으로 남아 있다 보니 특정 시기에만 필요한 특례 조항들이 너무 세세하고 자질구레하게 남아 있다는 단점이 있습니다. 그럼에도 독일 기본법을 읽으면 회사가 인류의 일원으로서 지켜가야 할 인간의 기본권과 이를 실행하기 위해 국가가 어떻게 작동하는지 세부적인 절차를 알 수 있습니다. 여러분의 회사 헌법에 회사가 추구하는 인권과 정책과 운영 원리를 자세히 적고자 한다면 독일 기본법을 참고하면 좋겠습니다.

공식 명칭	**독일연방공화국 기본법**
	Grundgesetz für die Bundesrepublik Deutschland
역사	1919년 민주주의 헌법 도입
	1949년 현행 기본법 제정, 2020년 최종 개정
조직 목적	신과 인간에 대한 책임을 의식하고, 통일 유럽에서 동등한 권리를 가진 구성원으로서 세계평화에 이바지함.
순서	기본권
	연방 및 주
	연방의회 / 연방대통령 / 연방정부
	연방입법 / 연방법률의 집행 및 연방행정 / 공동 과제 / 사법
	재정
	경과규정 및 종결규정
	통일조약 부록 등
권력 운영	의원내각제 공화국
	양원제 의회
	연방제
정책 제시	매우 구체적
주요 특징	기본권 강조
	정책과 운영 원리를 세세하게 언급

스페인 헌법

스페인은 냉전 시기 서유럽·남유럽 자본주의 진영에서 마지막까지 비민주 독재국가로 남아 있던 국가였습니다. 민주적인 현행 헌법을 제정한 시기가 1978년으로 상당히 늦습니다. 그러나 그 덕분에 스페인은 '현대사회가 요구하는 최신 트렌드에 충실하게 맞추어서' 기본권과 기본 정책을 명시한 헌법을 보유하게 되었습니다. 예를 들어 스페인 헌법이 정의하는 기본권과 의무에는 초상권, 누진 원칙에 의한 조세 의무, 소득의 균일 분배와 완전고용 지향, 적절한 주거, 소비자와 이용자의 권리 등이 포함되어 있습니다.

스페인 헌법을 살펴볼 이유가 여기에 있습니다. 기민하게 움직여야 하는 회사의 헌법이라면 특히나 현대사회와 시장경제에서 개인과 사업에 필요한 요구를 충족할 수 있어야 합니다. 회사에서도 이런 생각을 부지런히 토론하고 구체화하기 위해, 스페인 헌법을 죽 읽으면서 어떤 '최신 트렌드'를 적용했는지 살펴보는 것이 도움이 될 것입니다.

공식 명칭	**스페인 헌법 Constitución Española**
역사	1812년 민주주의 헌법 도입 1978년 현행 헌법 제정, 2011년 최종 개정
조직 목적	정의와 자유와 안정을 확립하고, 스페인 국민을 구성하는 모든 자의 행복의 촉진을 도모하고 그 주권을 행사하며, 모든 스페인 국민과 민족의 인권, 문화, 전통, 언어 및 제도의 행사를 보호하고, 모두를 위한 인간다운 생활을 보장하기 위해 문화 및 경제 발전을 촉진하며, 선진화된 민주사회를 확립하고, 세계의 모든 민족 간의 평화적인 관계 및 협력에 이바지함.
순서	서장 기본적 권리 및 의무 왕위 의회 / 정부 및 행정 / 정부와 의회의 관계 / 사법권 경제 및 재정 / 국가의 지역조직 헌법재판소 헌법개정
권력 운영	의원내각제 입헌군주국 양원제 국회 강한 지방자치가 포함된 중앙집권제
정책 제시	구체적
주요 특징	주요국 헌법 중 가장 최신의 사회적 요구를 상세하게 반영함

아메리카합중국 헌법

민주주의 헌법의 원조라고 불리는 미국 헌법은 삼권분립에 기초한 의사결정 구조를 설명하는 최초의 '제품 사용설명서' 같았습니다. 실제로 미국 헌법은 13개 주의 대표가 한 방에 모여서 서로 논쟁하며 '자, 우리 앞으로 이렇게 연방정부를 만드는 거다. 각자 집에 가서 너네 주 동료들에게 제대로 설명해야 한다. 알았지?' 하고 약속하며 만든 문서입니다. 그래서 미국 헌법은 더없이 상세하고 친절한(?) 문체로 쓰여 있습니다. 민주주의 운영 원리에 익숙하지 않은 회사 구성원을 위해 딱딱한 법조문과는 다른 헌법의 문체를 고민하고 있다면 미국 헌법을 참고할 수 있겠습니다.

이런 문체가 계속 남아 있을 수 있던 것은, 미국 헌법을 개정할 때 1787년에 작성된 기존 문장을 수정하는 것이 아니라 기존 문장 뒤에 '수정헌법'이라 불리는 추가 조항을 계속 덧붙이기 때문입니다. 따라서 미국 헌법을 읽을 때에는 반드시 수정헌법 조항을 함께 읽어야 하며, 과거에서 현재에 가까워오면서 추가되는 내용과 달라지는 문체를 확인하는 것도 하나의 재미가 될 것입니다.

공식 명칭	**아메리카합중국 헌법** **Constitution of the United States (of America)**
역사	1787년 제정, 1992년 최종 수정
조직 목적	보다 온벽한 연합을 형성하고, 정의를 확립하고, 국내의 평안을 보장하고, 공동방위를 도모하고, 국민복지를 증진하고, 우리들과 우리의 후손들에게 자유의 축복을 확보하기 위함.
순서	입법부 / 행정부 / 사법부 주 상호 간의 관계 헌법수정 절차 권리장전 수정헌법 그 외 수정헌법
권력 운영	완전한 대통령중심제 양원제 의회 연방제
정책 제시	매우 도호함
주요 특징	보통의 법조문과 달리 상세한 설명이 담긴 문체

프랑스 헌법

프랑스는 유럽에서 제일 중앙집권적이고 절대적인 왕권을 가졌던 역사가 있는 나라입니다. 그 때문인지 프랑스는 다른 국가와 달리, 대통령에게 하원 의회 해산권, 총리 임명 및 해임권, 국민투표 발의권, 비상사태 시 비상 권한, 퇴임 후 위헌 심판 참여권 같은 아주 강력한 권한을 부여합니다. 민주주의 운영 원리를 지키되 회사 대표에게 강력한 행정적 권한을 부여해야 한다면 프랑스 헌법이 제시하는 권력구조를 참조할 수 있겠습니다.

프랑스 헌법의 또 다른 특징은 유럽연합EU과의 관계를 정의하는 데에 한 장(제15장)을 통째로 할애했다는 점입니다. 준-국가 수준으로 강력한 국가연합체인 유럽연합은 회원국 간의 협약과 조약을 통해 여러 규정을 제시하는데, 이 상황은 마치 한국 현행법 규정 아래에 묶이는 회사와 비슷합니다. 유럽연합 소속 국가로서 유럽연합 가이드라인 안에서 자신의 주권을 행사하는 부분을 언급하고 있다는 점에서 참고할 만합니다.

마지막으로 주목할 점은, 프랑스 헌법이 자신과 똑같은 헌법 격으로 인정하는 문서들입니다. 프랑스 헌법의 전문은 "1789년 인권선언에서 정의되고 1946년 헌법 전문에서 확인 및 보완된 인권과 국민주권의 원리, 그리고 2004년 환경헌장에 정의된 권리와 의무를 준수할 것을 엄숙히 선언한다"라는 문장으로 시작합니다. 이를 통해 프랑스 헌법은 인권, 국민주권, 환경의 지속성과 관련한 개별 문서를 헌법과 동등한 지위로 끌어올렸다는 점을 알 수 있습니다. 마치 프로그래밍할 때 관리하기 편하도록 프로그램의 각 기능을 따로 개발하고 이 모듈(문서)을 불러들여서 하나의 프로그램(통합된 헌법)을 만드는 것과 같습니다.

공식 명칭	**프랑스 헌법 Constitution française**
역사	1791년 민주주의 헌법 도입, 1958년 현행 헌법 제정, 2008년 최종 개정
조직 목적	1789년 인권선언에서 정의되고 1946년 헌법 전문에서 확인 및 보완된 인권과 국민주권의 원리, 그리고 2004년 환경헌장에 정의된 권리와 의무를 준수할 것.
순서	(1789년 인권선언 / 1946년 헌법 전문 / 2004년 환경헌장) 공화국 주권 대통령 정부 / 의회 / 의회와 정부의 관계 국제조약 및 국제협정 헌법위원회 / 사법권 / 최고법원 정부 구성원의 형사책임 경제사회환경이사회 / 시민권리 보호관 지방자치단체 / 뉴칼레도니아 지역 관련 경과규정 프랑스 공용어권 제휴 협정 / 유럽연합 개정 등
권력 운영	의원내각제적 요소가 들어간 대통령중심제 양원제 의회 지방자치가 포함된 중앙집권제
정책 제시	약간 모호함
주요 특징	매우 강력한 대통령 권한 유럽연합과의 관계 언급 헌법과 동등한 지위의 문서를 병렬적으로 나열

홍콩특별행정구 기본법

2021년 〈홍콩 국가보안법〉 도입 이래 중국 중앙정부에 의해 민주주의가 파괴되어버린 상황이지만, 그럼에도 홍콩은 여전히 〈홍콩특별행정구 기본법〉을 통해 부분적인 민주주의 정치체제와 자본주의 경제체제를 운영하고 있습니다. 이것은 1997년 영국령 홍콩이 중국으로 반환될 때 영국과 중국이 영국령 홍콩의 정치경제체제를 50년간 유지하기로 합의함에 따라 이루어진 조치입니다. 홍콩은 독립국가나 연방제의 주가 아닌 도시가 자체 헌법을 가지게 된 매우 특이한 사례입니다.

따라서 단순히 국적을 가진 시민들을 대상으로 하는 타국 헌법과 달리, 홍콩 기본법의 내용은 기본법의 적용 대상이 되는 '홍콩 시민'을 꼼꼼히 정의하는 것으로부터 시작합니다. 중국인 중에서 홍콩 시민으로 인정하는 사람, 외국인이면서 홍콩 시민으로 인정하는 사람, 지금 홍콩에 살고 있지는 않지만 홍콩 시민으로 인정하는 사람 등을 정의하고 있습니다. 회사 구성원의 정의가 복잡해서 꼼꼼히 따져야 할 경우에 이를 참고할 수 있겠습니다.

한편 홍콩은 나머지 중국과 다른 경제와 행정체계를 가진 도시이므로 기본법을 통해 도시 운영의 기본 정책과 관할 또한 꼼꼼히 정의하고 있습니다. 여기에는 재정과 금융과 무역, 토지계약, 운항, 교육, 과학, 문화, 체육, 사회서비스 등 다양한 분야가 망라되어 있습니다. 다양한 분야의 회사 정책을 총망라해서 정리하고 싶다면 홍콩 기본법이 좋은 모델이 될 것입니다.

공식 명칭	홍콩특별행정구 기본법 香港特別行政區基本法
역사	1990년 제정, 2021년 현행 제도 도입, 이후 개정 없음
조직 목적	국가의 통일과 영토의 완전성을 수호하고 홍콩의 번영과 안정을 유지하기 위해 홍콩의 역사와 현실 상황을 고려하여 중국 중앙정부가 '일국양제(하나의 국가, 두 개의 제도)' 방침에 따라 홍콩에 사회주의 제도와 정책을 실행하지 않기로 결정한 것을 보장하기 위함.
순서	총칙 중앙과 홍콩의 관계 주민의 기본 권리와 의무 정치체제 경제 교육·고학·문화·체육·종교·노동과 사회서비스 대외 사무 이 법의 해석과 개정
권력 운영	중국 중앙정부의 영향력 아래 놓인 불완전 민주주의 의원내각제 요소가 포함된 대통령중심제 단원제 의회 중국 중앙정부에 대한 고도자치제
정책 제시	매우 구체적
주요 특징	'홍콩 시민'에 대한 구체적 정의 특별행정구와 도시의 정책에 대한 상세한 정의

중화민국헌법

국가의 이름으로는 중화민국이라고 칭해지는 타이완의 헌법은 삼권분립이 아닌 '5권 분립'을 도입하여 다소 독특한 구조를 가지고 있습니다. 보통은 의회나 행정부나 법원에 속하는 권한 중에서 행정을 감사하고 공무원을 탄핵하는 '감찰권'과 공무원 임용·승진을 담당하는 '고시권'을 분리하여 별도의 독립기구를 만든 것입니다. 이는 신해혁명으로 공화국 중국을 창시한 쑨원이 삼권분립을 전통적인 중국 조정의 구조(3성 6부제)에 맞게 현지화한 것입니다. 사실 지금의 타이완은 "중국 통일 이전까지 필요에 따라 임시로 적용하는" 증수조항을 1991년부터 2005년까지 차례차례 추가하면서 기존의 5권 분립을 일반적인 삼권분립과 거의 유사하게 개편하긴 했습니다.

그런데 사실 5권 분립은 영리를 추구하면서 엄격한 감사를 받는 일반 중·대형 회사에 적용하기에 좋은 시스템입니다. 이런 곳에서는 직원을 새로 고용하거나 승진을 결정할 때에도 여러 부당한 통로를 통해 청탁이나 압력이 들어가지 않도록 상대적으로 독립적인 인사부서를 두는 것이 필요합니다. 또한 한국 〈상법〉은 일정 규모 이상의 법인이 독립된 감사를 따로 두어서 회사가 제대로 운영되는지 감시하도록 하고 있습니다. 이런 점에서 타이완 헌법을 참고해서 삼권분립보다 좀 더 세분화된 권력 분립 구조를 만들어 회사의 상황에 맞게 적용할 것을 고려할 수 있습니다.

공식 명칭	**중화민국헌법 中華民國憲法**
역사	1946년 제정, 1991년 현행 제도 도입, 2005년 최종 개정
조직 목적	쑨원 선생의 중화민국 건국 이념에 근거하고 국권을 공고히 하며 민권을 보장하고 사회 안녕을 수호하며 인민의 복지를 증진하기 위함. 이에 대해 국가 통일 이전의 필요에 응하기 위해 증수조문을 추가함
순서	총칙 인민의 권리와 의무 국민대회 총통 행정 / 입법 / 사법 / 고시(공무원 선발) / 감찰 중앙과 지방의 권한 / 지방제도 선거·파면·발의·국민투표 기본 국가 정책 헌법의 실시 및 개정 증수조르 전문 / 증수조문 본문
권력 운영	의원내각제와 '5권 분립' 요소가 포함된 대통령중심제 단원제 의회 지방자치가 포함된 중앙집권제
정책 제시	구체적
주요 특징	'5권 분립' 개념 도입

스위스 연방 헌법

4개의 공용언어를 가진 26개 주로 구성된 스위스의 정치체제는 매우 독특합니다. 의원내각제를 도입하고 있지만 의회나 총리보다 강력한 권한을 가진 국민투표를 정기적으로 시행해서 헌법과 법률을 개정하고 국가 정책을 결정하기 때문입니다. 게다가 스위스는 연방제 국가 중에서도 주정부의 권한이 워낙 커서, 중앙정치에서 연방정부가 나설 일이 그다지 많지 않습니다.

이는 스위스 연방의 기원이 13세기 스위스 지역의 4개 주가 자치권 보존을 위해 맺은 군사동맹이기 때문입니다. 중앙집권적인 정부의 개념이 없던 시기에 군사동맹 수준의 느슨한 연합체로 연방이 결성되었고, 독립적 권한을 가진 각 주의 면적/인구가 작다/적다 보니 주민들이 모여 직접 투표해서 정치적 의사를 결정하게 된 것입니다. 국민투표를 통해 헌법 개정안을 상대적으로 쉽게 발의하고 수정할 수 있다는 점, 그리고 헌법에 연방정부의 권한이라고 명시되지 않은 역할은 전부 주정부에 속한다는 점 때문에, 스위스 헌법은 주정부와 연방정부의 권한을 상당히 세세하게 규정하고 있습니다.

이런 특징 때문에 스위스 헌법은 규모가 작은 회사, 또는 규모가 작은 여러 부서/사업장이 매우 독립적으로 운영되면서 하나의 회사로 이어져 있을 때 참고하기 좋은 헌법입니다. 회사/부서의 크기가 작을수록 구성원 전체가 모여서 회사 운영에 대해 논의하는 직접민주주의적 특징이 강해지기 때문입니다. 스위스 헌법이 명시하는 국민투표의 절차와 효력, 국민투표 결과에 대해 연방의회와 연방정부가 다루는 방법, 주와 연방의 관계 등을 읽어보고 이러한 규정을 회사의 규모와 구성에 맞추어 어떻게 적용할 수 있을지 고민해봅시다.

공식 명칭	스위스 연방 헌법 Bundesverfassung der Schweizerischen Eidgenossenschaft Constitution fédérale de la Confédération suisse Costituzione federale della Confederazione Svizzera Constituziun federala da la Confederaziun svizra
역사	1848년 제정, 2021년 최종 개정
조직 목적	창조에 대한 책임을 유념하고, 세계를 향한 개방 정신과 연대 정신으로 자유와 민주주의, 독립과 평화를 강화하기 위한 스위스 국민의 연대를 새로이 하며, 타인을 존중하며 공정성을 중시하는 가운데 다양성 속에서 함께 삶을 영위할 것을 다짐하기 위함.
순서	통칙 기본권·시민권 및 사회적 목적 연방과 주 및 지방자치단체 국민과 주 연방기관 연방헌법의 개정 및 경과규정
권력 운영	국민투표가 강하게 개입하면서 대통령중심제 요소가 포함된 집단지도형 의원내각제 양원제 의회 연방제
정책 제시	매우 구체적
주요 특징	국민투표로 주요 정책을 결정하는 직접민주주의 연방보다 주의 권한이 더 강력한 연방제

유엔 헌장, 세계인권선언, 권리에 관한 국제규약

국가를 초월하여 국제관계에서 커다란 영향력을 행사하는 집단이 바로 유엔(UN, United Nations)입니다. 유엔은 전 세계 국가들이 구성원으로 모여서 만든 일종의 국제정부라고 할 수 있고, 헌법 격의 문서를 가지고 있습니다. 유엔의 권력구조와 운영 방법을 규정하는 〈유엔 헌장〉, 그리고 유엔 회원국이 보호해야 할 가장 기초적인 기본권을 정의하는 〈세계인권선언〉입니다. 여기에 더해 유엔은 세계인권선언에 정의된 기본권을 더욱 구체적으로 정의하는 각종 국제규약을 선포하고 유엔 가입국들이 규약에 참여하도록 유도하고 있습니다. 우리는 이 국제규약 중에서 직장 내에서 문제가 될 내용을 주로 담은 2개의 국제규약을 자세히 살펴보겠습니다.

아래에 나온 유엔의 각종 문서는 한국 정부가 조약의 형태로 가입한 것으로 법률과 같은 효력을 발휘하고 있습니다. 그래서 한국 법제처가 운영하는 국가법령정보센터(law.go.kr)의 "법령 > 조약" 항목에서 한국어 제목으로 검색하여 한국어 번역본을 찾아볼 수 있습니다.

유엔 헌장

〈유엔 헌장〉은 제2차 세계대전 종전 후 연합군 참전국이 국제평화와 국가 간 우호 관계 증진을 목적으로 하는 유엔을 창설하면서 그 운영 방법을 규정한 유엔의 헌법입니다. 국제관계 갈등을 조정하고 협력을 증진하여 세계대전이 반복되지 않도록 하기 위해 유엔은 과거의 국제기구들과 달리 훨씬 더 많은 국가를 모아 훨씬 더 강력한 권한과 집행력을 가져야 했습니다. 그런 국제기구가 될 수 있도록 운영 원리를 짠 것이 바로 유엔 헌장입니다.

유엔 헌장은 여러 부문의 사업을 운영하는 회사가 참조하기 좋은 예시입니다. 각 부문별 의사결정기구라고 할 수 있는 안전보장이사회, 경제사회 이사회, 신탁통치위원회, 그리고 사법부라고 할 수 있는 국제사법재판소 등의 역할을 나누고, 각 회원국들이 각 이사회에 어떻게 대표를 선출하는지 방법을 자세히 설명하고 있습니다.

특히 흥미로운 것은 안전보장이사회의 상임이사국 제도입니다. 연합군 참전국 중에서 가장 국력이 세고 기여도가 높았던 5개국(미국·소련·영국·중국·프랑스)을 영구적인 상임이사국으로 두고, 국제 갈등이 생겼을 때 상임이사국 중 한 곳이라도 거부권을 발동하면 유엔이 개입할 수 없도록 설정한 것입니다. 이 제도는 특정 국가에 지나치게 많은 권력을 준다는 점에서 비민주적입니다. 그러나 국력이 큰 국가가 유엔을 무시하고 국제갈등에 마음대로 개입할 수 있는 국제관계의 특성상, 상임이사국 제도는 강대국도 유엔에 적극 참여하여 유엔이 국제사회에서 실제적인 권위와 집행력을 갖출 수 있도록 하는 장치이기도 합니다.

실제 회사에서 이처럼 강력한 권한을 가진 사람들(창업주, 지분을 많이 소유한 주주, 상임이사 등)이 존재하는 경우가 대부분인 현실이기에 이런 구조에서 민주적 운영 원리를 적용하기 위해 상임이사국 같은 현실적인 조정 장치를 마련하는 것도 경우에 따라 고려할 수 있겠습니다.

공식 명칭	유엔 헌장 United Nations Charter 联合国宪章 La Charte des Nations Unies Устав ООН Carta de las Naciones Unidas
역사	1945년 제정, 1991년 한국 가입
조직 목적	국제 평화와 안전 유지, 국가 간 우호관계 증진 세계평화 증진, 인권 및 기본적 자유 증진
순서	목적과 원칙 회원국의 지위 기관, 총회 안전보장이사회 / 분쟁의 평화적 해결 평화에 대한 위협, 평화의 파괴 및 침략행위에 관한 조치 지역적 약정 경제적 및 사회적 국제협력 / 경제사회이사회 비자치지역에 관한 선언 국제신탁통치제도 / 신탁통치이사회 국제사법재판소 사무국 잡칙 / 과도적 안전보장 조치 개정 / 비준 및 서명
권력 운영	사무총장을 대통령 격으로 볼 수 있는 대통령중심제 총회와 각종 이사회가 양립하는 다원제 의회 회원별로 국가 주권을 가진 강력한 연방제
정책 제시	약간 구체적
주요 특징	부문별 이사회의 설립 독점적인 지위를 가지는 안전보장이사회 상임이사국의 존재

유엔 세계인권선언

〈세계인권선언〉은 유엔이 설립된 목적 중 하나인 인권 존중 실현을 위해 모든 유엔 가입국들이 함께 달성할 공통 기준으로 제시된 선언입니다. 제2차 세계대전의 연합국이 주축이 된 유엔 입장에서 볼 때 제2차 세계대전이 일어난 원인 중 하나는 독일과 일본 등에서 폭압적인 정부가 들어서서 인권을 존중하지 않았기 때문이었습니다. 따라서 유엔은 모든 국가가 기본적인 인권을 수호하게 하여 국제평화를 실현하겠다는 생각을 가지고 있었고, 세계인권선언을 통해 가입국들이 지킬 최소한의 인권 가이드라인을 제시한 것입니다. 그래서 세계인권선언의 내용은 앞에서 살펴본 민주주의 운영 원리에 바탕한 국가들의 헌법에서 볼 수 있는 기본권 관련 내용으로 구성되어 있습니다.

공식 명칭	**세계인권선언** **Universal Declaration of Human Rights** **世界人权宣言** **Déclaration universelle des droits de l'homme** **Всеобщая декларация прав человека** **La Declaración Universal de Derechos Humanos**
역사	1948년 제정, 1990년 한국 가입
조직 목적	국제 평화와 안전 유지, 국가 간 우호관계 증진 세계평화 증진, 인권 및 기본적 자유 증진
순서	서문 (그 후 인권의 종류와 그에 대한 선언을 조항별로 나열)
권력 운영	정의되지 않음
정책 제시	약간 구체적
주요 특징	기본권에 대한 간명하고 선언적인 문체

유엔 경제적·사회적·문화적 권리에 관한 국제규약

유엔을 통해 만들어진 〈경제적·사회적·문화적 권리에 관한 국제규약〉(이하 '경제사회문화규약')은 인간이 공포와 결핍으로부터 자유로워지기 위해 정치적인 자유뿐 아니라 경제적·사회적·문화적인 권리를 향유해야 한다고 선언하고 있습니다. 세계인권선언에서는 이와 관련된 내용이 다소 모호하게 정의되어 있는데, 규약을 통해 이를 더 자세하게 보충하는 역할을 하고 있습니다.

경제사회문화규약에 나온 내용을 세계인권선언의 내용과 비교하면 직장과 일터에서 마주하는 여러 사건들이 겹쳐져서 좀 더 익숙하게 여겨질 만한 내용이 들어 있습니다. 예를 들어 임금과 유급휴가 보장, 승진의 형평, 노동조합 결성권같이 우리가 기본적으로 이해하는 노동권들이 들어 있습니다. 또한 이 규약에서 규정하는 일상생활과 관련한 권리 중에서 회사의 일상생활에 적용할 수 있는 것들도 많습니다. 예를 들어 직장생활 도중에 영위하는 의식주의 개선, 작업에 필요한 교육을 받을 권리, 자기가 저작한 창작물에 대한 정신적·물질적 이익을 보호받을 권리 등이 있습니다.

회사의 헌법을 만들 때에는 국가의 시민으로서 보호받을 기본권을 더 넓게 확장해서 직장환경에서 받을 차별과 불이익을 예방하는 내용이 들어가야 하겠습니다. 이런 내용을 집어넣을 때 경제사회문화규약을 참고하면 큰 도움을 받을 것입니다.

공식 명칭	경제적·사회적·문화적 권리에 관한 국제규약
	International Covenant on Economic, Social and Cultural Rights
	经济、社会及文化权利国际公约
	Pacte international relatif aux droits économiques, sociaux et culturels
	Международный пакт об экономических, социальных и культурных правах
	Pacto Internacional de Derechos Económicos, Sociales y Culturales
역사	1966년 제정, 1990년 한국 가입
조직 목적	국제 평화와 안전 유지, 국가 간 우호관계 증진
	세계평화 증진, 인권 및 기본적 자유 증진
순서	경제적·사회적·문화적 권리에 대한 선언
	각 권리에 대한 가입국의 약속과 책임 정의
	각 권리와 관련한 유엔의 보고서 작성 및 권고 절차
권력 운영	정의되지 않음
정책 제시	매우 구체적
주요 특징	경제, 사회, 문화 분야에서 보장할 기본권의 구체적인 가이드라인 제시

유엔 시민적·정치적 권리에 관한 국제규약

유엔을 통해 만들어진 〈시민적·정치적 권리에 관한 국제규약〉(이하 '시민정치규약')은 인간이 공포와 결핍으로부터 자유로워지기 위해 경제·사회·문화적 풍요로움뿐 아니라 시민으로서 보호받을 권리와 정치적 권리를 향유해야 한다고 선언하고 있습니다. 세계인권선언에서 이와 관련하여 큰 틀의 원칙을 선언하고 있다면, 시민정치규약에서는 그 원칙을 각국에서 실행할 수 있도록 더욱 구체적인 정책을 제시하고, 그 원칙이 제대로 실행되고 있는지 피드백하는 과정을 정의하고 있습니다.

이 규약에서 언급하는 권리를 얼핏 보면 회사 내부의 일과는 무관하다고 생각할 수 있습니다. 하지만 회사에서 '인간적인 모멸감'을 느끼는 순간들을 떠올려봅시다. "모든 인간은 고유한 생명권을 가진다"(시민정치규약 제6조1항)라는 내용이 지켜지지 않은 채 사람들이 죽어가는 일터를 떠올릴 수 있습니다. 또 회사 안에서 사상이나 종교의 자유가 인정되지 않고 해고당하거나, 노동조합을 결성할 수 없거나, 사생활과 통신을 침해받아서 상사에 대한 뒷담화를 하지는 않는지 꼼꼼히 확인당하는 등의 경우를 뉴스에서 볼 수 있습니다. 이 모든 것이 회사 헌법을 만들 때 고려할 내용이겠지요.

여기에 더해 시민정치규약에는 유엔이 인권이사회를 구성하고 이사회를 통해 규약을 위반하는 국가나 갈등 현장에 개입하는 절차를 상세하게 적고 있습니다. 유엔 인권이사회의 작동 원리를 참고하여 회사 내에서 기본권이 지켜지지 않거나 그와 관련한 갈등이 생겼을 때 처벌이나 권고 등을 통해 기본권을 증진하는 방향으로 피드백을 줄 방법을 고민할 수 있겠습니다.

공식 명칭	시민적·정치적 권리에 관한 국제규약
	International Covenant on Civil and Political Rights
	公民及政治权利国际盟约
	Pacte international relatif aux droits civils et politiques
	Международный пакт о гражданских и политических правах
	Pacto Internacional de Derechos Civiles y Políticos
역사	1966년 제정, 1990년 한국 가입
조직 목적	국제 평화와 안전 유지, 국가 간 우호관계 증진 세계평화 증진, 인권 및 기본적 자유 증진
순서	시민적·정치적 권리에 대한 선언 각 권리에 대한 가입국의 약속과 책임 정의 각 권리와 관련한 유엔의 보고서 작성 및 권고 절차
권력 운영	정의되지 않음
정책 제시	매우 구체적
주요 특징	시민의 자유와 정치 분야에서 보장할 기본권의 구체적인 가이드라인 제시

그 외 유엔의 인권 관련 국제규약

그 외에도 유엔은 〈인종차별철폐협약〉, 〈여성차별철폐협약〉, 〈고문방지협약〉, 〈아동권리협약〉, 〈장애인권리협약〉, 〈이주노동자권리협약〉, 〈강제실종협약〉 같은 7개의 인권협약을 제시하고 있습니다. 여러분 회사의 특징과 성격(외국인 임직원이 많거나 특정 성별에 대한 차별을 특별히 주의하고자 하는 등)에 따라서 회사의 헌법을 만들 때 참고할 부분들이 있습니다. 이 중에서 한국이 가입한 5개 협약에 대해서는 한국 외교부가 홈페이지(www.mofa.go.kr)의 "외교정책 > 국제인권규범" 항목에서 공식 한국어 번역본을 제공하고 있습니다. 그 외의 협약에 대해서도 국가인권위원회, 국제앰네스티 한국지부 등 국내외 인권 관련 기관·단체에서 비공식 한국어 번역본을 제공하고 있습니다.

한국 정당의 강령과 당헌

민주주의 국가는 어떤 목적을 가진 건국자가 나타나서 만들어진 것이 아니라, 비슷한 지역에 사는 사람들이 모여서 자연스럽게 만들어지는 사회공동체입니다. 하지만 회사는 사람들이 특정한 목적을 가지고 세운 것입니다. 앞서 2장 "프로그램 설계하듯 헌법 내용 고민하기"에서는 회사의 헌법을 만들 때 그 회사의 목적과 가치관을 설명해야 한다고 말씀드렸는데, 정작 국가의 헌법에서는 그 국가를 만들어야 하는 목적과 가치관을 설명하기가 참 어렵습니다.

그런 점에서 참고할 수 있는 또 다른 예시가 바로 정당입니다. 정당은 정치적 견해가 비슷한 사람들끼리 모인 조직이고, 그들이 권력을 잡았을 때 어떤 가치관을 실현하는 사회를 만들 것인지 공개해야 합니다. 이 점에서 회사의 자기소개와 정당의 자기소개는 상당히 유사합니다. 어떠한 분명한 목적을 가진 회사를 소개하는 헌법을 만들 때 정당의 헌법을 참고하면 좋겠습니다.

정당의 헌법은 보통 두 가지 내용으로 나뉩니다. 먼저 정당의 목적과 가치관, 정당이 실현하려는 기본적인 정책의 방향을 밝히는 선언문이 있는데 이를 '강령'이라고 합니다. 다음으로 정당이 운영되는 원리와 구조를 명시하는 정당의 핵심 규칙이 있는데 이를 '당헌'이라고 합니다. 국가에 헌법이 있다면 정당에서는 강령과 당헌이 헌법과 같은 위치에 있습니다.

한국에도 훌륭한 강령과 당헌을 가진 정당들이 많은데, 그중 한두 정당을 꼽아 참고할 만한 예시로 소개하는 것은 여러가지 이유로 부담스러운 것이 사실입니다. 그래서 강령을 직접 소개하는 대신, 모든 한국 정당의 강령과 당헌을 모아서 볼 수 있는 곳을 소개해드리려고 합니다.

정당 등록을 담당하는 중앙선거관리위원회(nec.go.kr)에서는 "정당정보 및 현황" 코너를 운영하고 있는데 여기에서 현재 선관위에 등록된 정당 모두(2021년 9월 현재 49개)와 2012년부터 창당되었다가 소멸한 역대 한국 정당들의 강령과 당헌을 한꺼번에 볼 수 있습니다. 만약 여러분이 지지하거나 관심 있는 정당이 있다면 해당 정당의 강령과 당헌을 읽어보세요. 여러분의 회사에 적용할 만한 내용이 있을 수도 있습니다.

특히 당헌에서 주목할 것은 정당 내에서 권력 운영과 관련된 구조(의사결정기구, 행정기구, 감사기구, 징계기구)가 짜여 있는 모습입니다. 정당은 일반적인 회사와 달리 민주적 절차에 따라 권력을 운영해야 하는 조직이기에 어느 정도 규모 있는 시스템도 갖추어져 있고 (한국 기준으로) 몇십 년 동안 그 시스템을 운영한 경험도 쌓여 있습니다. 당헌에 나와 있는 이러한 구조를 찾아보면 참고할 내용이 있을 겁니다.

외국 정당의 강령

한국 정당 외에 여러분이 참고할 수 있는 해외 정당의 강령을 살펴보겠습니다. 강령 스타일은 보통 각 정당의 역사적 전통을 따르고, 각 나라의 정치문화에 따라 다른 문체를 가집니다. 여기에서는 강령 문체를 크게 세 가지 스타일로 분류하고 사례를 나열하겠습니다. 이 책에서 소개하는 사례는 각 정당 홈페이지에 영문 번역본 강령 PDF 파일이 첨부되어 있거나 웹브라우저 번역기를 바로 실행시켜 확인할 수 있는 형태로 등재되어 있습니다.

선언문 스타일의 강령

선언문 스타일의 강령은 마치 한 편의 에세이처럼 정당의 큰 줄기를 이루는 가치관과 원칙을 죽 서술합니다. 먼저 몇십 년에 걸친 정당의 역사와 업적과 핵심 가치관을 소개합니다. 그 후에는 현대 사회의 변화상과 문제점에 대해 짚은 뒤, 그 문제에 대응하여 정당이 추구하는 이상과 정책 방향을 밝힙니다. 이런 구조의 강령에는 '우리 당은 과거 투쟁을 통해 지금의 세상을 만들었듯이, 이제 지금의 세상에 맞서 새로운 투쟁을 시작한다. 이 정당에 모인 나와 우리의 생각을 천하에 밝힌다'는 기개가 녹아 있습니다.

　　선언문 스타일의 강령은 세부적인 정책이나 목표를 제시하지 않습니다. 특히 강령에서 정책적 목표를 수량으로 나타내는 일(예를 들어, 실업률을 몇 퍼센트 이하로 낮추겠다)은 더더욱 없습니다. 대신 선언문 스타일의 강령은 한 번 제정/개정되면 몇십 년간 그 정당의 원칙으로 굳어져서 정당이 선거 공약을 만들거나 평상시에 정치적 행보를 결정할 때 중요한 판단 근거가 됩니다. 달리 말해 강령을 개정하는 것은 곧 지금까지와 아주 다른 행보를 걷겠다는 선언이 됩니다. 위에 예시를 든 정당들은 강령 개정을 통해 무장혁명 노선 포기, 다른 정당과의 공동정부 참여 결정, 각종 경제정책 노선 전환, 환경을 무시하는 경제개발 노선 철회 등을 결정했습니다.

이름	**일본공산당 강령 日本共産党綱領**
정당	일본공산당
역사	1922년 창당, 2020년 강령 최종개정
조직 목적	일본의 진정한 독립을 확보하고 정치·경제·사회의 민주적 개혁을 실현하는 민주주의 혁명을 이룩하여, 자본주의를 넘어 사회주의, 공산주의 사회로의 전진을 도모함.
순서	전진하는 일본 사회와 일본공산당 현재 일본 사회의 특성 21세기의 세계 민주주의 혁명과 민주연합정부 사회주의·공산주의 사회로의 목표
내용 제시	역사와 사회 현상에 대한 자세한 분석, 정책적 원칙을 목록으로 정리

이름	**독일 사회민주당 함부르크 강령 Hamburger Programm - Das Grundsatzprogramm der SPD**
정당	독일 사회민주당
역사	1875년 창당, 2007년 강령 최종개정
조직 목적	공평하고 사회적인 세계와 사회적이고 민주적인 유럽, 지속가능한 발전과 사회정의를 실현하기 위해 다수의 연대와 능동적 참여를 조직한다.
순서	우리의 현재 우리의 핵심 가치와 확신 우리의 목표와 정책 우리가 나아갈 길
내용 제시	역사와 사회 현상에 대한 자세한 분석, 정책적 원칙을 구체적으로 해설

이름	**독일 좌파당 당강령 Die LINKE Parteiprogramm**
정당	독일 좌파당
역사	2007년 창당, 2011년 강령 최종개정
조직 목적	더 나은 사회를 만들기 위해 의회, 정부, 국제 연대 안에서 신자유주의를 반대하는 폭넓은 좌파 연대와 투명한 정치문화를 다짐.
순서	우리는 어떤 사람들인가? 자본주의의 위기 - 문명의 위기 21세기의 민주사회주의 좌파의 개혁 프로그램 - 사회전환을 위한 단계 정치변혁과 더 나은 사회를 위해 함께하자
내용 제시	역사와 사회 현상에 대한 자세한 분석, 정책적 원칙을 구체적으로 해설

요약된 선서문 스타일의 강령

선언문 스타일과 비슷하지만, 훨씬 축약된 선서문 스타일의 강령도 존재합니다. 복잡한 정당의 역사 이야기나 사회 변호 이야기는 과감하게 뺍니다. 그리고 정당이 지향하는 사회의 방향성을 한 문장씩 짧게 씁니다. 선서문 스타일로 쓰인 일본 입헌민주당의 강령은 같은 일본어로 쓰인 일본공산당 강령과 비교했을 때 글자 수가 8분의 1에 불과할 정도로 길이가 짧습니다.

이런 스타일은 마치 당원이 입당할 때 오른손을 들고 다음과 같이 하나씩 낭독하는 느낌을 가집니다. '선서! 나는 이런 이런 원칙에 따라 이런 이런 사회를 만들기 위해 다음을 목표로 정당 활동을 하겠습니다. 하나, 입헌즈의에 기초한 민주정치를 실현하겠습니다. 둘, 인권을 존중하고 자유로운 사회를 만들겠습니다. 셋 ‥' 이런 점에서 선서문 스타일의 강령은 구성원끼리 친근감과 유대감을 형성하게 합니다.

이름	**입헌민주당 강령 立憲民主党綱領**
정당	일본 입헌민주당
역사	2017년 창당, 2020년 강령 최종개정
조직 목적	입헌주의적 민주정치, 인권을 존중하고 자유로운 사회, 다양성을 인정하는 공생 사회, 사람을 소중히 하고 행복을 실감할 수 있는 경제, 지속가능하고 안심할 수 있는 사회보장, 위기에 강하고 신뢰할 수 있는 정부, 세계평화와 번영을 실현.
순서	기본 이념 우리의 목표
내용 제시	정책적 원칙을 문장으로 정리해서 간명하게 선언함

정책공약집 스타일의 강령

어떤 정당들은 전국 선거 때마다 정기적으로 정책공약집 스타일의 강령을 발표하고 책으로 펴냅니다. 이런 강령은 보통 책 제목에 해당하는 메인 슬로건, 메인 슬로건을 뒷받침하는 국정 관련 주제들, 각 주제에 해당하는 세부 공약으로 나뉘어 있습니다. 여기에는 '강령'이라는 이름에 걸맞게 각 주제마다 정당이 가진 큰 문제의식과 국정 철학을 줄글로 함께 실어놓습니다. 따라서 이 정책공약집은 단순히 그럴듯하게 보이는 공약에 번호를 매겨 나열하는 것이 아니라 정당의 관점과 비전을 설명하고 그 실현 방법을 공약으로써 밝히는, 마치 투자(득표)를 받기 위한 '정기 발행 회사소개서'와 같습니다.

이런 스타일을 가진 강령의 내용은 선거 공약일 뿐 아니라 의회/행정부에 진출한 정당이 다음 선거 전까지 정치를 통해 실현하려는 정책적 목표를 나타내기도 합니다. 따라서 수치 등을 나열하며 구체적이고 세부적인 정책을 제시합니다. 또한 선거 시기에 강령을 읽을 일반인들을 위해, 귀에 잘 들어오는 슬로건을 넣고 말로 하는 연설같이 친근하고 간결한 문체를 갖춥니다. 이런 점에서 정책공약집 스타일의 강령은 마치 커뮤니티 공간의 이용 가이드라인과 비슷합니다. 처음 접한 사용자가 읽기에 부담이 없고, 가이드라인에 제시한 정책이 어떤 목적으로 만들어졌는지 알기 쉽다는 점에서 그렇습니다.

이름	**포데모스 프로그램 PROGRAMA DE PODEMOS**
정당	스페인 포데모스
역사	2014년 창당, 주기적으로 정책공약 수정
조직 목적	15M 운동(2011년 스페인 민중 800만 명이 정부의 긴축정책 반대, 실업 및 빈부격차 해소, 민주주의 회복을 요구하며 진행한 집회)이 일어나고 포데모스가 탄생한 사회적 배경이 아직 여전하기에, 이를 해결하기 위함.
순서	"녹색 지평선과 새로운 산업모델" "푸른 지평선과 돌봄경제" "디지털 지평선과 새로운 경제" 등
내용 제시	정책 내용을 8개 대분류, 총 289개 공약에 번호를 매겨 세부적으로 선언

이름	**함께 더 강하게, 밝은 영국의 미래** **STRONGER TOGETHER A Better Future for Britain**
정당	영국 노동당
역사	1900년 창당, 하원 총선거마다 주기적으로 정책공약 수정
조직 목적	과거 제2차 세계대전 직후의 노동당이 그랬듯이 커다란 위기(코로나-19) 이후 세계가 마주할 도전을 극복하고 미래를 향한 기호를 잡아내며, 모든 영국 시민들이 자랑스러워 할 미래를 다시 건설하기 위함.
순서	"미래의 녹색과 디지털을 위해 함께 더 강하게" "더 좋은 일자리와 노동을 위해 함께 더 강하게" "안전한 커뮤니티를 위해 함께 더 강하게" "세계 속의 영국을 위해 함께 더 강하게" 등
내용 제시	6개 분야에 대해 현재 보수당 정권에서의 현황, 변화 가능한 미래 전망을 제시하며, 노동당이 집권한 지방정부의 정책 예시를 설명. 이 내용을 바탕으로 다음 총선 시기의 정책강령을 제작하겠다고 선언.

이름	**바로 지금 당장, 2019 공약집** **If Not Now, When? Manifesto 2019**
정당	영국(잉글랜드 & 웨일즈) 녹색당
역사	1990년 창당, 하원 총선거마다 주기적으로 정책공약 수정
조직 목적	영국이 맞이한 기후 위기 상황을 돌파하고 사회정의를 실현하기 위해 그린뉴딜을 실행하고, 브렉시트를 취소하며, 민주주의를 향상하고, 생활의 질을 녹색스럽게Green Quality of Life 바꾸고, 세금과 재정지출의 새 계약을 맺는 등 영국이 지금 당장 새로운 시작을 할 수 있도록 함.
순서	"그린 뉴딜" "유럽연합 잔류와 전환" "민주주의 발전" "녹색 삶의 질을 보장" "세금과 재정지출의 뉴딜" 등
내용 제시	정책을 5개 대분류, 25개 소분류로 나누어 세부 목록 제시

이름	**더 나은 세상을 위한 준비: 신민주당이 당신에게 하는 약속** **Ready for Better: New Democrats' Commitments to You**
정당	캐나다 신민주당
역사	1961년 창당, 하원 총선거마다 주기적으로 정책공약 수정
조직 목적	당신을 최우선으로 둔 헬스케어가 있고, 좋은 일자리와 양질의 실업 부조가 있고, '당신에게는' 더 윤택한 삶을 제공하고, 부자에게는 더 공평한 세금을 내게 하고, 기후 위기에 맞서서 승리하며, 이 나라를 상처 입게 한 오래된 불평등 요소가 사라진 미래를 만들고자 함.
순서	"모든 이의 일상을 부담없게" "환경을 지켜서 미래를 지키자" "각자에게 더 좋은 돌봄을" "강하고 역동적인 커뮤니티를 만들 뉴딜 사업" "옳은 것을 할 용기" 등
내용 제시	정책 내용을 8개 대주제, 59개 소주제로 나누어 각 주제별로 현재의 상황과 개선점, 정책 목표를 제시

절충형 스타일의 강령

선언/서서문 스타일과 정책공약집 스타일이 혼합된 강령도 있습니다. 대표적인 예로 뉴질랜드 노동당과 타이완 시대역량의 강령을 들 수 있습니다.

뉴질랜드 노동당의 강령은 당의 역사와 가치관을 설명하는 단원이 따로 있고, 그 내용을 에세이처럼 길게 쓴다는 점에서 선언문 형식을 채택하고 있습니다. 그러나 강령 대부분은 노동당 정책의 원칙을 설명하는 데 할애하고 있으며, 정책을 설명할 때 분야별 목표와 이행 방법을 번호를 매겨 하나씩 설명한다는 점에서는 정책공약집 형식을 채택하고 있습니다. 또 한편으로 강령 속 정책이 큰 원칙만 제시할 뿐 세세한 당면과제나 수치를 들지 않는다는 점에서는 선언문 형식을 따르고 있습니다.

이름	**뉴질랜드 노동당 정책 강령** **New Zealand Labour Party Policy Platform**
정당	뉴질랜드 노동당
역사	1916년 창당, 2019년 강령 최종개정
조직 목적	민주적 사회주의의 원칙에 따라 모든 시민의 지성과 기술과 노력을 불러일으키는 경제체제를 만들고, 국가의 재화와 서비스를 모든 사람들의 이익에 맞게 분배하며, 뉴질랜드 시민들의 자유와 후생을 지키고, 경제적·사회적 협동을 바탕으로 한 대중 교육을 실현할 수 있는 사람들을 자유 선거를 통해 의회와 지방정부 당국으로 보내서 노동당의 정책과 원칙을 실현하기 위함.
순서	"노동당의 가치관" "이 땅의 원주민" "경제 강화" "건강한 환경" "모두에게 주어지는 기회와 공정" "모두를 위한 정의, 인권과 평등" "뉴질랜드의 정체성과 문화" "변화하는 세계 속의 뉴질랜드" "효율적이고 책임있는 정부" 등
내용 제시	당 역사와 가치에 대한 설명, 10개 정책 주제에 대한 과거 행적, 현재 상황, 앞으로의 목표를 제시

타이완의 정당인 시대역량은 2015년 창당대회에서 채택한 세 가지 문서("창당선언", "기본주장", "우리의 약속")를 모두 "시대역량 선언"이라는 이름으로 묶어서 강령처럼 소개하고 있습니다. 이 중에서 "창당선언"은 당원들끼리 시대역량의 가치를 선언하는 내용이고, "우리의 약속"은 유권자에게 당의 정신을 간략하게 소개하며 지지를 부탁하는 내용입니다. 마지막으로 "기본주장"은 시대역량 정책의 원칙을 선언문과 선서문의 형식을 섞어서 전달하고 있습니다.

이름	시대역량 선언「時代力量」宣言
정당	타이완 시대역량
역사	2015년 창당, 이후 강령개정 없음
조직 목적	경직된 정치적 상상력을 깨고 참여와 개방을 통해 대만의 진보세력을 하나로 모아 새로운 시대의 정치세력으로 통합하여 평등과 자유의 새 시대를 타이완 인민과 함께 건설하고 함께 관리하고자 함.
순서	"창당선언", "기본주장", "우리의 약속"
내용 제시	정책적 원칙과 사안별 기본 입장의 나열

참고할 수 있는 예시 문헌들

만들 때는 모른다. 창업 직전 그런 조언을 듣긴 했다. 법인이란 하나의 독립된 생명체에 가까우며 어느 순간부터는 창업자 개인의 의지와 상관 없이 움직이기 시작한다고. 만들고 나서야 그 의미를 알았고, 알아가는 중이다. 회사는 그 자체로 살아 있을 이유, 즉 생의 목적을 필요로 한다. 목적이 흐려지면 속 빈 회사가 되고, 목적이 분명하더라도 그에 맞는 원칙이 없으면 잘못된 선택을 하게 된다.

혼자 책상 앞에 앉아서 생각하는 일이라면, 아무리 심란하고 복잡한 상황이라 해도 찬물 세수를 하고 정신 차리고 올 여유라도 있을 텐데. 현실에서 이 모든 일은 '공동 작업'으로 일어난다. 공동 작업을 망하지 않게 할 수 있을까? 우리는 좀 더 멋지게 해낼 수 있을까? 행복하게? 서로 갉아먹지 않고? 많은 조직이 어떤 부분에선 무조건 실패한다.

무엇이 있어야 목적을 달성하며, 구성원의 존엄성을 존중하며 일할 수 있나? 게임 난이도를 예상해보려 하는데, 시작도 전에 덩치 큰 빌런들이 먼저 보인다. 이 빌런은 회사 외부의 시장 상황이기도 하고, 고약한 노동환경에서 일하는 파트너 담당자이기도 하며, 악의 없이 잘못하는 동료, 어느 시점의 게으르거나 비겁한 나 자신이기도 하다.

그렇지만 희망적인 부분을 찾자면 수많은 선례가 있다고 생각했다. 이미 비슷한 정도의 절망적인 변수들은 가뿐히 조율하며 운영되고 있는 조직들이 있으니까. 그래서 스타트업 방법론도 많이 읽고, 조직 문화에 대한 책도 읽고, 영리와 비영리 영역을 가로지르며 교훈을 찾았다. 그렇지만 솔직히 국가 혹은 정당 조직을 참고할 생각은 해보지 못했다. 아니 그리고 그런 책은 애초에 서점에서 사회과학 쪽으로 따로 분류되어 있거든요⋯.

조직 운영의 원리를 어디서 참고할 것인가 고민하던 시기, 회사를 만들고 키워본 A에게 조언을 구한 적 있다. 얽히고설킨 문제를 듣고 A의 입에서 나온 말은 의외였다. "행동 강령을 먼저 만드는 게 어때요?" 속으로 나는 '행동 강령이요…?' 반문했다. 어디 정당 설립할 때나 쓸 것 같은 고루한 말이 왜 그의 입에서 나온 것인지.

행동 강령, 코드 오브 컨덕트를 검색해보니 스타벅스, 파타고니아 같은 사기업부터 시작해 비영리단체, 정당 정부 조직은 물론이고 작은 단위로는 직업인 컨퍼런스 사이트에도 '행동 강령'이 이미 올라와 있었다. 한 조직이 목적으로 하는 바를 달성하기 위해 서로에게 요구하는 행동 양식.

이 책을 읽으면서 다시 한번 '행동 강령'이란 말을 발견하고 반가웠다. 정치 지식을 바탕으로 세세하게 서술된 내용들은 흥미로웠고, 다른 어디서도 발견하기 힘든 레퍼런스다. 조직 운영 원리에 대한 고민을 국가, 정치조직, 그리고 목적을 가진 기업 단위를 꿰뚫어 엮었다. 조직을 운영하고, 함께 만들어가는 사람들이 건축하듯이 사고해볼 수 있도록 이끌어주는 질문들에도 여러 번 밑줄을 그었다.

생각 4.
회사의 행동 강령 code of conduct

조소담, 닷페이스 대표

제4장.
코드 짜듯

헌법 작성하기

지금까지 우리는 헌법을 만들기 위해 프로그래밍을 어떻게 할 것인지 구상하는 시간을 가졌습니다. 이제는 그 구상에 맞추어 실제 헌법을 코드 짜듯이 만들 때입니다. 구성원의 의견을 수합하는 것부터 완성 이후의 유지보수까지 헌법 작성 과정을 쭉 살펴보겠습니다. 지금부터의 과정은 오로지 여러분의 손에 달려 있습니다!

헌법 내용에 대한 의견 수합하기

헌법 초안 작성하기는 글을 잘 쓰는 한 사람이 충분히 할 수 있는 일이지만, 사람들을 모아서 의견을 듣고 이를 취합해 하나의 안을 만드는 것은 간단하지 않습니다. 이를 위해 꾸준히 시간을 들여서 구성원끼리 단단한 신뢰를 만드는 과정이 필요합니다. 다시 말합니다. 헌법은 같은 조직 안에 있는 구성원이 함께 맺는 약속입니다.

먼저, 일과 회사에 대한 구성원들의 가치관을 듣는 자리를 가지는 것이 중요합니다. 몇 가지 타입의 가치관을 함께 터놓고 이야기할 수 있는 자리를 마련해봅시다. 이때 많은 시간을 투자할수록 더 좋은 헌법을 만들 수 있을 겁니다.

- **노동에 대한 가치관**: 이 직업을 선택한 이유, 이 팀에 결합하기로 마음먹은 계기, 지금의 일에서 보람을 느낄 때와 싫증을 느낄 때.

- **팀에 대한 가치관**: 이 팀이 일하는 방식과 문화에서 좋은 점과 아쉬운 점, 이 팀 구성원 사이의 관계에서 좋은 점과 아쉬운 점.

- **사회에 대한 가치관**: 사회에서 느끼는 불편하거나 부당한 요소, 사회나 동종 업계에서 변화가 필요한 점, 이 팀에서 하는 일이 사회와 산업에 어떤 영향을 미치면 좋을 것인지에 대한 바람.

- **자아와 권리에 대한 가치관**: 내가 존중받는다고 느끼거나 안정감을 느낄 때, 내가 무시당하거나 배려받지 못한다고 느낄 때.

- **노동과 영리의 미래에 대한 가치관**: 내가 개인적으로 이루고 싶은 목표와 욕망, 이 팀과 함께 이루고 싶은 목표와 욕망, N년 후에 이루고 싶은 내 모습과 이 팀의 모습.

이렇게 구성원의 가치관을 확인한 뒤에 헌법에 어떤 내용이 들어가기를 원하는지 구성원들 각자의 요구를 모아봅시다. 좀 더 풍부한 내용을 수합할 수 있을 것입니다.

요컨대 성평등을 중시하는 구성원은 성별 임금·진급 격차 해소 또는 성폭력 같은 인권 유린 상황에 대한 대처를 요구할 것입니다. 노동에서의 학습과 탐구를 중시하는 구성원이라면 회사에서 스터디 모임 지원이나 정기적 교육 워크숍 진행을 추진할 수 있는 근거를 마련하기를 요구할 것입니다. 2장 "프로그램 설계하듯 헌법 내용 고민하기"에 나오는 헌법 내용에 대한 고민과 질문들을 함께 나누면 더욱 좋습니다.

구조 짜기

헌법도 하나의 글입니다. 구조가 탄탄하여 내용을 편안하게 흡수할 수 있는 글이 있는가 하면, 똑같은 내용이라도 구조가 혼란해서 읽는 사람의 마음이 불안정해지는 글이 있습니다. 우리가 만들 헌법은 회사 구성원은 물론이고, 회사에 대해 자세히 알고 싶은 외부인들이 모두 읽을 글입니다. 따라서 헌법을 만들 때에는 마치 회사 소개서를 쓰는 마음으로, 잘 짜인 글로 남길 수 있도록 해야 합니다.

앞에서 구성원의 의견을 모아서 헌법 안에 어떤 내용이 들어갈 것인지 정했으니 그 내용을 분류하여 몇 가지 주제에 따라 묶어봅시다. 여러 가지 분류 기준을 둘 수 있습니다. 이렇게 주제에 따라 항목을 분류하고 묶어두면, 헌법의 구조를 짤 때 묶음 단위로 배치를 다르게 할 수 있어서 편리합니다.

- 비슷한 주제와 가치관으로부터 파생된 항목들을 먼저 한 그룹으로 묶습니다. (예: 노동조합을 결성할 권리, 노조가 회사와 단체협약을 맺을 권리, 파업 등 단체행동을 할 권리 등)

- 같은 부서와 관련된 항목들도 한 그룹으로 묶을 수 있습니다. (예: 재정관리, 인사관리, 고객관리, 사업별 부문 등)

- 서로 대립하는 가치관이지만 모두 중요한 원칙으로서 존중받아야 하는 항목들은 서로 다른 그룹으로 묶은 뒤 비교해서 볼 수 있도록 나란히 배치합니다. (예: 영리기업으로서 최대한 많은 수익을 창출해야 한다는 원칙, 그리고 질 높은 결과물을 만들기 위해 협업자에게 충분히 많은 비용을 지출해야 한다는 원칙)

이제 각각의 묶음으로 정리된 항목들을 배치할 차례입니다. 묶어진 항목별 내용의 중요성이나 유사성 등을 고려하여, 항목이 배치될 위계와 순서를 정합시다.

헌법에서 위계와 순서는 아주 중요합니다. 한국 법률의 조문체계를 보면 장chapter, 절section, 조article, 항paragraph, 호, 목의 순서대로 분류되고, 다음과 같이 각 분류마다 번호가 붙습니다. 헌법의 내용이 길고 자세할수록 내용의 위계와 순서를 잘 정리해야 읽기에도 좋고, 나중에 유지보수 작업을 할 때에도 편리합니다.

→ 제7장 기본 정책
→ 제2절 직원의 고용 및 노동 형태
→ 제66조 신규직원의 채용
→ 제2항 "직원을 공개채용할 때에는 다음의 내용을 구체적으로 포함하여 적어도 7일 이상 공고해야 한다. 비공개채용의 경우에도 구직 지원자에게 이를 사전에 구체적으로 알려야 한다."
→ 제b호 "입사 시 부여되는 직무 및 업무상 권한"

더구나 법률에서 위계와 순서는 그 내용의 중요성을 나타내는 척도가 됩니다. 더 큰 상위 위계에서 등장하는 내용은 좀 더 거대한 개념을 포괄하는 중요한 내용으로 인정받습니다. 또한 같은 위계 안에서는 보통 가장 중요한 원칙을 앞에 서술하고, 그 뒷부분에는 원칙을 실행하는 구체적인 방법, 예외나 단서조항과 같이 상대적으로 덜 중요한 내용을 서술합니다. 그래서 실제 국가의 헌법을 제정할 때에는, '대통령에 대한 내용을 행정부 내용 안에 넣느냐, 독립된 내용으로 빼느냐' '의회와 행정부 중에서 어떤 것을 먼저 서술할 것이냐' 등의 논쟁이 벌어지곤 합니다.

3장에서 본 여러 사례들처럼, 헌법의 문체도 여러 가지 형식을 상상할 수 있습니다. 법조문처럼 딱딱하고 논리적인 문체를 사용하면, 회사의 여러 가지 절차를 빈틈없이 파악하기에 좋습니다. 공용 커뮤니티 공간의 가이드라인처럼 반드시 지켜야 하는 사항들을 부드러운 문체로 나열하면, 읽는 사람의 마음을 포용하면서 가이드라인을 꼭 지키겠다는 동기를 부여하게 됩니다. 포부로 가득 찬 선언문 문체를 사용하면, 구성원들은 같은 뜻을 공유한다는 유대감을, 회사 외부인은 회사의 목표와 비전이 진취적이라는 인상을 가지게 됩니다. 각 항목의 내용을 서술할 때 두괄식으로 하느냐, 미괄식으로 하느냐에 따라서도 독자가 받아들이는 느낌이 달라집니다.

스튜디오 하프-보틀의 경우 기본코드에서는 딱딱한 법조문의 문체를 사용했고, 강령에서는 주제 문장을 앞에 배치하는 두괄식 표현을 동원해서 선언문의 문체를 사용했습니다. 문체에 따라 사람들이 헌법의 의미와 조직에 대한 인상을 다르게 받아들인다는 점을 기억하고 헌법의 문체를 정해봅시다.

강령 작성하기

헌법의 내용 중에서는 조항으로 이루어진 내용 말고도 정당의 강령이나 선언문처럼 줄글로 작성되어야 하는 내용이 있을 수도 있습니다. 일단 강령을 쓸 것인가, 말 것인가를 정해야 합니다. 강령으로 풀어서 쓸 만한 내용이 없다면 굳이 강령을 쓸 이유가 없겠지요. 강령을 쓰게 된다면 그 강령에 어떤 내용을 작성할 것인지 고민해봅시다.

우리가 사업을 시작하게 된 배경에는 보통 그 사업과 관련된 사회현상이 자리 잡고 있습니다. 예를 들어, 디자이너는 일반 기업에 다니면 자신이 하고 싶은 작업을 할 수 없다는 사회적 환경 때문에 창업을 하곤 합니다. 장애인·여성·성소수자·청소년 같은 사회적 약자의 문제를 해결하기 위해 사업을 할 수도 있습니다. 또는 디지털 기술과 환경의 변화로 인해 금융·교통·여행 등 기존 서비스 산업에 혁신이 일어남에 따라 사업을 시작할 수도 있습니다. 이처럼 사회적인 맥락을 가지고 어떤 현상, 배경과 문제점을 분석하는 내용이 강령에 들어갑니다.

여기서 분석하는 사회적 배경의 내용은 구체적이어야 합니다. 요컨대 단순히 '요즘 OO에 대한 기술이 핫하게 떠오르니까 이에 대한 사업을 시작한다'고 쓸 것이라면, 차라리 강령을 쓰지 않느니만 못하다고 하겠습니다. 기술의 변화에 대해서 말한다면 해당 기술이 발전해 온 추세와 앞으로의 예측이 들어가야 합니다. 우리가 타깃으로 여기는 사회 문제가 점점 심각해지는 과정, 또는 여러분이 속한 직군의 노동 환경이 변화하는 과정 등을 적을 수도 있겠습니다.

강령에서는 또 이 사업이 필요한 이유, 이 회사가 맡을 수 있는 역할을 제시할 수 있습니다. '우리는 이 사업을 통해 이런 문제를 저런 방법으로 해결하는 역할을 맡겠다', '우리 회사는 이런 산업 분야에서 저런 방법으로 새로운 혁신을 만들 것이다', '우리는 이런 사업을 통해 스스로 잘 먹고 잘살면서 나와 같은 직군의 사람들이 작업을 지속할 수 있는 무대를 만들겠다' 같은 내용이 여기에 해당하겠습니다.

이것 역시 구체적인 내용으로 채워져야 합니다. 마치 회사의 사업소개서를 쓰듯이 이 사업을 통해 주어진 사회 문제를 해결할 수 있는 이유, 이 회사가 사회적 환경을 바꿔내는 과정에 대한 설명 등을 구체적으로 알 수 있도록 쓰여야 합니다.

앞서 사회적 배경과 회사의 역할을 설명했으니 이제 회사가 달성하고자 하는 정책적 과제를 제시할 차례입니다. 목표나 비전을 두루뭉술하게 제시하는 내용을 넘어서야 합니다. 예를 들어 '아름다운 시각 작업물'이 무엇인지, '사회에 기여하는 좋은 디자인'이란 무엇인지 구체적인 가이드라인을 제시해서 정책적 과제로 제시해야만 강령이 이야기하고자 하는 내용을 회사 구성원과 외부인이 모두 정확하게 파악하고 납득할 수 있을 것입니다. '아름다운 시각 작업물을 디자인할 것이다', '우리는 좋은 디자인을 통해 사회에 기여할 것이다'라고 제시하는 수준에 머무르면 이 디자인 회사가 다른 회사와는 어떻게 차별화되는지 드러낼 수 없습니다.

의견 수합하기 (다시)

작성된 강령에 대해 다시 구성원들의 의견을 수합해야 합니다. 강령은 우리 회사가 사회를 바라보는 관점을 나타내는 글이므로 정치적인 관점을 어느 정도 담을 수밖에 없습니다. 이런 내용은 특히 민감할 수 있으므로 구성원에게 강령 초안을 보여준 뒤 의견을 수합하고 토론하는 과정이 반드시 필요합니다. 이 과정을 한번 거치면 구성원들이 각자의 가치관 차이를 좀 더 이해하게 되어 팀워크를 다지는 계기가 될 것입니다.

내용을 조문으로 바꾸기

내용과 그 문체 그리고 순서를 정했으니 이제 그 내용을 정말로 하나하나의 '조문'으로 바꾸어 넣을 시간입니다.

먼저, 각 조문의 주제를 나타낼 이름을 정합시다. 조문이 많아질수록 각 조문의 내용이 한눈에 잘 들어오지 않는 법입니다. 독자들이 조문의 이름만 보고도 이 헌법이 어떤 내용을 강조하려고 하는지 알기 쉬워야 합니다. 다음과 같은 내용이 분명하게 드러나면 좋습니다.

- **조문의 중심이 되는 권리의 내용**: '노동권과 휴식권', '정보통신의 비밀', '기회의 형평' 등

- **절차의 내용**: '총회 안건', '대표의 선출', '소명 청취와 대면 질의', '기본코드 개정안 공고와 토론' 등

- **정책의 주제**: '사업의 지속성과 축적성', '업무 외 개별작업 ('사이드 프로젝트')', '표준업무계약과 표준견적' 등

다음으로 중요한 것이 각 조문의 주어와 서술어와 목적어를 정하는 것입니다. 이게 무슨 영문법 강의인가 싶으시지요? 하지만 주술관계가 어떻게 정해졌느냐에 따라 같은 뜻을 가진 문장 안에서도 권리와 책임을 지는 주체가 완전히 달라질 수 있습니다.

　'모든 구성원은 자신의 창작물과 업무수행을 (다른 구성원에게) 평가받을 권리를 가진다'는 문장과, '모든 구성원은 창작 및 업무수행 과정에 대해 (다른 구성원을) 평가할 권리를 가진다'는 문장을 비교해보세요. 평가를 한다는 내용은 같지만, 주어에 따라서 '평가할 자유'와 '평가받을(요청할) 자유'가 있다는 큰 차이가 있습니다. 다른 사람을 함부로 쉽게 평가하는 것이 개인의 자유가 되어버리는 참사가 일어나면 안 되겠지요.

마지막으로 조문의 표현 강조, 즉 '감정을 얼마나 드러낼 것이냐'를 정합시다. 법조문을 읽으면 딱딱하고 무미건조하다고 생각하기 쉽습니다. 하지만 법조문은 나름대로 '풍부한 감정을 건조한 방법으로' 드러냅니다. 특히나 중요하고 강조되어야 한다고 생각하는 내용에 대해서는 여러 가지 부사와 접속사를 덧붙여서 강조합시다. 예를 들면 이런 것들이지요.

- **너무나 중요해서 반드시 해야 하는 것에 대한 표현**: "계약직원으로 고용된 사우가 1년 이상 지속된 경우 고용 형태를 전임직원으로 반드시 전환해야 한다."

- **너무나 중요해서 절대 해서는 안 되는 것에 대한 표현**: "어떤 구성원도 자신의 사적인 생활이나 이익, 편의, 취향을 충족하기 위해 다른 구성원에게 업무를 부여하거나 지시할 수 없다."

- **A를 하라고 해서 B까지 하는 무리수를 던지지 않을까 걱정하는 마음에 대한 토현**: "스튜디오 하프-보틀은 협력원과 직원의 교류를 증진하기 위해 노력한다. 다만 이 교류를 강제하지 아니한다."

- **웬만하면 남의 입장도 생각해보라는 꾸짖음**: "스튜디오 하프-보틀은 꾸준히 협업한 파트너와의 계약금을 증가시키도록 노력한다. 이는 스튜디오 하프-보틀이 계약금을 받거나 주는 경우를 모두 포함한다."

의견 수합하기 (아니 자꾸?)

이렇게 모든 조문을 완성하면 다시 한번 구성원들의 의견을 수합해야 합니다. 헌법 내용에 대한 의견을 처음에 수합하긴 했지만 실제 조문으로 구체화하는 과정에서 뒤틀려서 반영될 가능성이 있으므로 이를 확인해야 합니다. 더군다나 구성원들은 구체화된 조문을 보면서 새로 추가할 내용을 떠올릴 수도 있습니다.

이 과정을 지루하다고 생각하지 마세요. 서비스나 제품을 개발할 때에는 기획 회의뿐 아니라 목업mockup 제작 이후의 피드백 회의가 필요하지요. 마찬가지로, 완성된 헌법 초안 '목업'을 확인한 구성원들이 피드백 회의를 가지는 것이 반드시 필요합니다.

'에러 디버깅'

제대로 작동하는 프로그램을 처음 만들 때 가장 오랜 시간이 걸리는 과정은 다름이 아니라, 완성되었다고 생각한 프르그램에서 발견되는 에러의 원인을 찾아서 고치는 '디버깅debugging'입니다. 헌법을 만들 때에도 헌법의 기능이 잘못 작동하거나 아예 작동하지 않을 수 있는 위험을 찾아내고 디버깅하는 것이 아주 중요합니다. 특히나 의사결정/행정/징계 과정을 정의하는 권력 운영 원리 부분에서 오류가 생길 가능성이 클 테니, 이 부분을 신경 써서 디버깅합시다.

가장 먼저 살펴볼 것은 헌법 조문이 서로 충돌하는 에러입니다. 회사의 운영 원리 부분에서 서로 다른 기관의 권한이 충돌하거나, 날짜와 수량 같은 숫자가 잘못 지정된 경우가 많이 생깁니다. 여기에 더해 현행 한국 법률체계에서 〈민법〉, 〈상법〉, 〈근로기준법〉 등을 통해 지키도록 한 내용과 회사 헌법이 서로 충돌하는 경우가 없는지 확인해서 반드시 한국 법률체계에 들어맞도록 수정해야 합니다.

조문의 문장 하나하나도 그 뜻이 제대로 전달되는지 확인할 대상입니다. 한글 맞춤법이나 문법에 맞게 수정하는 것은 기본입니다. 쉽게 읽히는 문장으로 고쳐 쓰는 것도 중요합니다. 문장이 너무 복잡하게 구성되었거나 장황하여 내용 파악이 어렵다면 문제가 될 것입니다. 더 나아가 조문의 뜻을 일부러 꼬아서 읽어본 뒤에 뜻이 원래의 의도와 다르게 해석될 위험은 없는지 살펴볼 수도 있겠습니다.

또 한편으로 헌법의 체계가 무너질 수 있는 어떠한 최악의 상황을 가정한 뒤 현재의 헌법안을 가지고 이 상황을 제대로 처리할 수 있는지 머릿속에서 시뮬레이션을 돌려보는 방법이 있습니다. 만약에 구성원에 의해 대표에서 탄핵된 구성원이 '우리 회사의 최종 의사결정권은 주주총회에 있으니까 주주들이 나를 해임시키지 않는 한 나는 계속 대표직을 유지할 것'이라고 주장하면, 이에 대해 대응할 수 있을까요? 또는 상습적으르 사적인 업무를 시키거나 성추행을 저지르는 구성원이 있다면, 피해자인 구성원이 제소를 하고 징계를 처할 수 있는 처리 과정이 충분히 마련되어 있나요?

마지막으로 헌법의 수정된 내용을 구성원들에게 공개하고 구성원의 동의를 구해서 헌법을 최종 확정해야 하겠습니다. 헌법은 결국 구성원들이 같이 만드는 것이니까 마지막으로 확정되는 순간의 디버깅 작업은 구성원들과 꼭 함께 해야겠지요.

잘 보이는 곳에 두기

완성된 헌법안이 구성원들의 의결을 받아 헌법으로 확정되면 이제 이 헌법을 공표(법률의 제정을 공식적으로 발표)하고 회사 안팎에 공개해야 합니다.

아무리 좋은 헌법이라도 필요할 때 찾아서 읽기가 어렵다면 아무 소용이 없겠지요. 게다가 이건 주권자이자 헌법의 공동 제작자인 회사 구성원을 제대로 대우하지 않는 셈이기도 합니다. 따라서 새 헌법을 제대로 공표하는 것, 즉 구성원을 비롯해 회사에 관심 있는 사람들이 빼먹지 않고 널리 읽어보도록 하는 것까지 완료해야 헌법을 만드는 과정이 정말로 끝나게 됩니다.

특히 저지르기 쉬운 잘못은 헌법을 적은 문서를 곧바로 사내 메신저나 클라우드 드라이브 어딘가에 그냥 올려놓고 끝내는 것입니다. 이렇게 올린 헌법 문서 파일은 다른 파일과 메시지에 파묻혀서 사라져버릴 것입니다. 애써 만든 헌법이 이렇게 사라지지 않도록 잘 보이는 곳에 둘 방법을 떠올려봅시다.

가장 쉬운 방법은 종이로 된 책을 만들어서 회사 사무실 공간 중 누구나 볼 수 있는 곳에 비치하는 겁니다. 꼭 거창하게 만들 필요는 없습니다. 사무실 주변 인쇄점에서 간단하게 제본하거나, 사무실에서 종이로 인쇄한 뒤에 바인딩 파일로 철하는 것으로도 충분히 훌륭한 헌법 책이 됩니다.

그러나 이왕 종이책으로 만든다면 이를 잘 활용할 방법을 떠올릴 수는 있을 것입니다. 신입 직원들에게 나눠주는 웰컴키트 안에 헌법 소책자를 함께 넣어 오리엔테이션 기간에 읽어보게 하거나, 이왕 만드는 김에 회사를 방문하는 분들에게 나누어드릴 수 있도록 헌법 요약본이나 강령을 선물용 소책자로 만드는 방법 등이 있습니다.

헌법을 웹 공간에 게시하는 것도 좋은 방법입니다. 복잡한 알파벳 주소로 접속해야 하는 클라우드 드라이브에 글을 쓴 파일을 올리는 것 말고, 사람들이 쉽게 접속할 수 있는 공개된 주소에다가 텍스트를 직접 게시하는 것 말이죠.

회사 웹페이지에 '헌법' 메뉴를 만들고 텍스트를 게시하는 가장 간단한 방법에서부터, 헌법을 따로 보여주는 독립적인 웹사이트를 만든 후 회사 소개 웹페이지와 연결하는 방법까지 다양하게 있을 수 있습니다. 노션Notion 같은 아주 간단한 도구를 사용하는 것도 가능하고, 웹페이지 디자인을 하는 회사라면 헌법 웹페이지를 만드는 김에 제대로 각 잡고 만들어서 회사의 훌륭한 작업물로 외부에 보여줄 수도 있겠습니다.

문서로서의 헌법을 관리하는 방법으로 제가 추천하는 것은, 깃허브GitHub라는 서비스입니다. 프로그래머라면 누구나 알고 있는, 프로그래밍 코드를 저장하고 무료로 공개하는 데 최적화된 서비스입니다. 여기에서 마크다운Markdown이라는 문서 작성용 코딩 언어를 써서 여러분의 헌법 텍스트를 저장하면 깃허브가 알아서 사람들이 보기 편한 문서의 형태로 변환해줍니다.

스튜디오 하프-보틀이 깃허브에 업로드한 헌법("강령"과 "기본코드") 내용을 보시면 이해가 되실 겁니다. 아래 주소로 접속해서 열어보세요.

→ github.com/studioHalf-bottle/constitution-of-Studio-Half-bottle

→ platform.md(강령) 또는 constitutional-code.md(기본코드) 파일을 열어보시면 됩니다.

깃허브가 더 좋은 점은, 헌법이 개정될 때마다 여러분이 내용을 수정해주면 문서의 수정 내역이 자동으로 저장된다는 점입니다. 앞서서 〈대한민국헌법〉 2018년 개정안이 실린 웹사이트(devunt.github.io/10th-amendment)를 소개해드렸는데요, 이 웹사이트에서 1987년 개정안(현행 헌법)과 2018년 개정안의 수정된 부분을 표시한 것과 비슷한 모양으로 변동 내역을 확인할 수 있습니다.

유지보수 = 의견 수합하기 (끝없이 계속해서)

네, 헌법은 한 번 다듬었다고 끝나는 것이 아닙니다! 헌법은 절대적인 것이 아니라서 사회 환경의 변화와 회사의 변화에 맞추어 내용을 바꿔야 할 일이 생깁니다. 물론 사소한 한두 가지 내용을 고치기 위해 위와 같은 과정을 전부 다 다시 밟을 필요는 없습니다. 그러나 구성원들이 생각하기에 헌법에서 개정해야 할 내용이 무엇이 있을지 평소에 꾸준히 생각을 밝히고 토론하는 것이 필요합니다.

챗바퀴같이 일을 반복한다고 지치지 마세요. 이처럼 구성원끼리 회사에 관한 의사소통을 활발하게 하는 것이야말로 회사가 헌법을 가지면서 따라오는 가장 중요한 장점일 것입니다.

우리 회사 화보 만들기

우리 회사 헌법 만들기

(부록은 이 책의 뒤표지부터 순서대로 읽으실 수 있습니다)

부록 2. 스튜디오 하프-보틀 기본코드

무기한 절판 될 수 없으므로 개정안이 발의된 날로부터 정해진 기간 내에 표결하도록 해야합니다. 다만 더 오랜 시간 동안 토론과 합의가 필요하다고 판단하면 합의에서 그 기간을 더 길게 정할 수 있겠습니다.

한다. 이는 전체 구성원 4분의 3 이상의 찬성으로 의결된다.

② 기본코드 개정안이 구성원 총회에서 의결되면 기본코드 개정은 확정된다. 대표는 이를 즉시 공표해야 한다.

제93조. 강령의 효력과 개정

강령의 개정은 기본코드의 개정과 같은 절차를 거쳐 제안되고 의결된다. 강령과 그 개정안은 기본코드 및 그 개정안과 동일한 효력을 가진다.

제9장. 기본코드와 강령의 개정

제90조. 기본코드와 강령 개정의 제안

① 기본코드와 강령의 개정은 최초로 전체 구성원 4분의 1 이상 또는 달라진 규모가 커지면 구성원 8인 이상이 되는 날로부터 60일 이내에 다음 각 호의 한 가지를 발의해야 한다.

② 대표는 전체 구성원 수가 최초로 전체 구성원 4분의 1 이상 또는 8인 이상이 되는 날로부터 60일 이내에 다음 각 호 중 한 가지를 발의해야 한다.

 a. 기본코드 제4장, 제5장, 제6장의 개정을 포함하는 기본코드 개정안.
 b. 기본코드 제4장, 제5장, 제6장의 개정이 필요하지 않은 사유에 대한 보고서. 이는 기본코드 개정안과 같은 결재를 거쳐 의결되어야 한다.

③ 대표의 임기를 연장하거나 중임 제한을 완화하는 기본코드 개정안 내용은 그 제안 당시의 대표에 대해서는 효력이 없다.

제91조. 기본코드 개정안 공고와 토론

대표는 제안된 기본코드 개정안을 전체 구성원에게 14일 이상 공고해야 한다. 대표는 공고 기간 중 전체 구성원을 대상으로 하는 1회 이상의 공개설명회 및 공개토론을 진행해야 한다.

제92조. 기본코드 개정안의 의결

① 제안된 기본코드 개정안은 발의된 날로부터 30일 이내에 구성원 총회에서 표결해야

우리 회사 헌법 만들기

함께 바꿔 가는 헌법
개정안의 의결 여부 결정은

제8장과 제9장은 회사 협태와 합병의 변경을 다룹니다. 한법을 개정하는 과정은 일반적인 회사 내규의 개정보다 더욱 많은 구성원들의 토론과 합의 과정을 거쳐야 합니다. 따라서 일반적인 내규보다 더 엄격한 변경 절차를 정해둡니다.

회사의 협태변경안은 회사의 진로와 구성원의 영리에 직접적인 영향을 주기 때문에 일반적인 협태 개정보다도 더 엄격하게 다뤄져야 합니다. 협태변경안의 공고 기간은 길고, 공개설명회 및 토론 횟수는 더 많이 부여되었습니다.

제8장. 법인 전환, 합병, 분리 또는 해산

제87조. 사업체 변경의 제안

① 대표는 사업자의 법인 전환, 타 사업자/법인과의 합병, 사업자/법인의 분리, 사업자·법인의 해산(이하 '협태변경')을 발의하여 제안할 수 있다.

② 해산 이외의 협태변경안은 그 결과로 발생하는 사업자/법인의 기본코드(정관) 제정 및 개정안을 포함해야 한다.

③ 해산안은 사업자의 재산과 부채를 청산하는 계획안을 포함해야 한다.

제88조. 협태변경안의 공고와 토론

대표는 제안된 협태변경안을 전체 구성원에게 21일 이상 공고해야 한다. 대표는 공고 기간 중 전체 구성원을 대상으로 하는 2회 이상의 공개설명회 및 공개토론을 진행해야 한다.

제89조. 협태변경안의 의결

① 제안된 협태변경안은 발의된 날로부터 45일 이내에 구성원 총회에서 표결해야 한다. 이는 전체 구성원의 3이상의 찬성으로 의결된다.

② 협태변경안이 구성원 총회에서 의결되면 협태변경안은 확정된다. 대표는 이를 즉시 공표해야 한다.

제85조. 교육과 학습의 비용

① 구성원이 필수로 이수하는 교육은 반드시 무상으로 이루어져야 한다.
② 회사는 자신의 자유의지로 교육을 이수하려는 구성원에게 일정한 수업료를 받을 수 있다. 이는 교육에 필요한 교보재와 공간을 마련하는 용도로 제한되어야 한다.

제86조. 교육과 학습을 진행하는 노동

① 스튜디오 한프-보블은 구성원 이외의 강사가 진행하는 교육에 대해 적정한 노동비용을 지불한다.
② 회사가 적정한 추가 노동비용을 지급하지 않는 한, 회사는 구성원에게 구인진 직무에 더하여 과중한 노동강도의 교육을 준비하도록 할 수 없다.

제82조. 구성원 학습의 진흥

① 스튜디오 하프-보틀은 진조와 같은 무적으로 진행되는 구성원의 자발적인 학습, 상호 학습을 위한 모임을 권장하고 지원한다. 구체적인 내용은 세부코드로 정한다.

② 본 기본코드 제1장, 제3장의 기본권을 침해하는 내용이 아닌 한, 어떤 구성원도 전항의 학습 행위를 간섭하거나 방해하지 아니한다.

제83조. 업무 외 개별작업 ('사이드 프로젝트')

① 모든 구성원은 자아실현 또는 잠재적인 업무 능력 개발을 위해, 자신의 직무와 별도의 작업(이하 '사이드 프로젝트')을 직접 제안하고 수행할 수 있다. 스튜디오 하프-보틀은 구성원이 사이드 프로젝트를 수행할 권장하고, 이를 사업에 적극적으로 활용한다.

② 사이드 프로젝트가 본래 직무 수행을 직접적으로 방해하거나 본 기본코드 제1장, 제3장의 기본권을 침해하지 않는 한, 모든 구성원은 사이드 프로젝트를 제안하고 수행하는 것을 억압받거나 간섭받지 아니한다.

제84조. 교육과 학습의 개방

① 본 절에서의 교육과 학습은 구성원이 아닌 인민에게도 개방할 수 있다.

② 본 절에서의 교육과 학습은 스튜디오 하프-보틀이 아닌 다른 조직이나 매체를 통해서도 진행될 수 있다.

b. 업무에 직접 활용할 수 있는 직관·감각의 계발.
c. 예술 작업물의 논리적·감각적 감상과 분석.
d. 인문학, 사회·자연과학, 공학 지식의 일반 원리에 대한 이해와 연구.
e. 다양한 사회, 기술·문화 현상의 관찰, 체험, 고찰.
f. 회사 사업 분야의 산업 현장, 그리고 이와 유관한 사회현상에 대한 이해와 연구.
g. 언어적·비언어적 상호 작용과 의사소통에 대한 연습.
h. 회사의 업무에서의 기본권 확인 및 점검.
i. 구성원 개인의 감정, 심리, 욕구, 진로, 가치관, 세계관 등의 자아 관찰과 이해.
j. 체육, 예술 작업, 공예, 읽기·쓰기, 언어학습, 놀이 등 구성원의 취미활동.

제81조. 회사의 교육

① 스튜디오 하프-보틀은 전조와 겉은 목적으로 구성원을 대상으로 한 교육을 시행할 수 있다.

② 전항의 교육은 본 기준표의 제1장, 제3장의 기본권을 저해하지 않는 구성원의 시간의 행복을 악화하거나 희망하는 목적으로 진행되지 아니한다.

③ 전항의 교육은 구성원에게 주어진 직무에 더하여 과중한 노동강도를 부여할 수 없다.

④ 스튜디오 하프-보틀은 인원이 기본권을 보호하기 위해 대한민국 별률과 제도가 이수하도록 지정한 교육을 성실히 이수하고 수행한다.

부록 2. 스튜디오 히포-보블 기본코드

경우를 모두 포함한다.

제79조. 회사와 협업 파트너의 교류

① 스튜디오 히포-보블은 사업 부문과 유관한 산업의 발전을 도모하기 위해 협업 파트너와 꾸준히 교류한다.

② 스튜디오 히포-보블은 협업원과 직원, 협업원과 협업원 사이의 교류를 증진하기 위해 노력한다. 다만, 이 교류를 강제하지 아니한다.

③ 회사는 전항의 교류가 구성원 사이의 상하관계를 형성하거나, 본 기본코드 제1장, 제3장의 기본권이 침해되는 일이 발생하지 않도록 예방해야 한다.

제4절: 교육과 학습

제80조. 교육과 학습의 목적

① 스튜디오 히포-보블은 구성원의 자아실현, 자기계발, 업무 능력 신장, 교양 발달, 창의 발현, 생활 안정을 촉진한다.

② 전항의 목적에 특별히 맞춰 스튜디오 히포-보블은 구성원이 다음의 기회를 충분히 누리도록 장려해야 한다.

a. 업무에 직접 활용할 수 있는 도구, 사고틀, 행동 양식 학습.

제7장 제4절에는 사내에서 이뤄지는 교육과 학습에 대한 내용을 담았습니다. 학습을 장려하는 목적을 확인하고, 회사가 구성원의 학습을 장려하는 방법을 제시합니다. 특히 구성원들이 자체적으로 진행하는 학습 소모임, 세미나, 사이드 프로젝트 등을 이 절에 내용으로 넣었습니다.

을 인하거나 무리한 업무를 요구받지 않도록 스튜디오 하프-브틀의 구성원과 동일한 기본권을 향유하도록 장조하고 있습니다.

제75조. 협업 파트너의 기본권

협업 파트너는 구성원이 향유하는 기본권의 본질적인 내용을 마찬가지로 누린다.

제76조. 회사와 협업 파트너의 관계

① 스튜디오 하프-브틀과 협업 파트너는 상하관계 또는 일방적인 업무 지시를 주고받는 관계가 아니다. 이는 양측 직원의 관계에서도 동일하다.

② 스튜디오 하프-브틀과 협업 파트너는 상호 업무 역량을 존중하고 신뢰하며, 이를 기반으로 최상의 작업물을 제작하도록 노력한다.

제77조. 표준업무계약과 표준견적

① 스튜디오 하프-브틀은 세부코드를 통해 협업 파트너와의 업무계약의 표준 형식을 정한다.

② 스튜디오 하프-브틀은, 세부코드를 통해 업무계약이 건적비용을 정하는 표준이 기준을 정한다.

제78조. 협업관계 지속과 숙련에 따른 대우

스튜디오 하프-브틀은 협업 경험에 따른 숙련을 고려하여 표준의 협업한 파트너와의 계약금을 증가시키도록 노력한다. 이는 스튜디오 하프-브틀이 계약금을 받거나 주는

부록 2. 스튜디오 히프-보들 기본코드

제73조. 업무환경의 유연성과 '배려의 프'

① 스튜디오 히프-보들은 직원의 신체건강 및 정신건강, 식생활, 가정의학, 기타 개인의 특성의 차이로 인해 업무에 방해받지 않도록 업무환경의 유연성을 확보하고 개선하도록 노력한다.

② 스튜디오 히프-보들은 직원의 노동강도와 제안 사항을 고려하여 직원의 원격근무, 재택근무 및 출퇴근 시간의 자율 조정을 실현할 여건을 만들기 위해 노력한다.

③ 직원의 심신은 직원의 과로를 일으켜서는 안 된다. 직원의 심신은 노동조합 및 개별 직원의 동의 없이 강제로 이뤄지지 아니한다.

제3절: 업무계약에 따른 협업

제74조. 협업의 진행

① 스튜디오 히프-보들은 보다 뛰어난 업무 역량을 다양한 분야에서 발휘하기 위해 직원 이외의 노동자, 사업자 및 협력원(이하 '협업 파트너')과 업무계약을 맺고 개별 업무를 협업하여 진행할 수 있다.

② 회사 직원이 이미 수행하고 있는 업무를 협업 파트너를 통해 외주할 때에는 해당 직원의 동의가 있어야 한다.

③ 회사 사업 부문의 핵심적인 업무를 상시 외주할 때에는 반드시 구성원 총회의 의결을

노동시간이나 근무 장소 등의 업무형결을 유연하게 하는 것은 더 좋은 업무환경을 제공하기도 하지만, 계속 변하는 업무환경에 적응해야 하는 과로를 일으킬 수도 있습니다. 따라서 제73조 3항이, 사회 변화에 맞추어 업무환경의 유연성을 확대하는 자의 업무환경을 보수적으로 유지할 수 있도록 구성원과 합의하는 것을 동시에 진행해야 합니다.

제7장 제3절에서는 직원이 아닌 개인·개인사업자·법인과의 협업을 다룹니다. 협업과 거래를 지속하고 서로의 이익을 증대하기 위해 교류하는 내용을 담고 있습니다. 특히 하청이나 외주를 받는 협업자가 소위 '갑질'

그 예외적인 경우로 제한되어야 한다.

② 연장노동, 야간노동과 휴일노동을 수행한 직원에게는 그에 합당한 임금 또는 유급 휴가를 추가로 지급해야 한다. 구체적인 내용은 세부코드로 정한다.

③ 회사는 장기간의 집중적인 노동으로 피로한 직원에게 퇴근 후 일정 시간의 휴식을 보장해야 한다. 구체적인 내용은 세부코드로 정한다.

제72조.

① 계약직원은 고용지속성과 사회보장의 차이에 따른 실질임금의 불이익을 고려하여, 같은 시간 동안 같은 노동을 수행하는 정규직원보다 일정한 비율로 더 높은 임금을 받는다. 구체적인 내용은 세부코드로 정한다.

② 스튜디오 하프-보블은 모든 직원이 회사에 일정한 기여를 하는 구성원임을 인정하고, 대표를 포함하여 모든 직원이 받는 기본급 임금의 최대·최소 격차를 일정 비율 이하로 유지한다. 그 비율은 세부코드로 정한다.

③ 스튜디오 하프-보블은, 구성원이 가진 배경의 다양성을 중요하게 여기고, 사회 또는 업계의 차별적 관행으로 불이익을 받은 계층이 사업 부문에서 지속적으로 활동하도록 장려한다. 회사는 차별에 의해 드러나지 못한 해당 구성원의 업무 능력을 발굴하여 인정하고, 중요 직위와 상위 직급으로 활발히 진출하도록 대우한다. 구체적인 내용은 세부코드로 정한다.

제72조와 같이 고용평등을 해소하는 것은 노동의 기본권을 지키는 차원에서도 필요하지만 팀의 다양성을 높이고 노동의욕을 고취시켜 팀워크를 향상시킵니다. 스튜디오 하프-보블은 계약직원의 실질적인 임금 불이익을 해소하고, 기본급 임금의 격차를 일정 비율 이하로 유지하며, 차별적 관행으로 불이익을 받는 학벌·장애·성별·연령 등의 요소를 배제하도록 적극적으로 행동할 것을 다짐하고 있습니다.

의 형태로 고용되어야 한다.
a. 안전, 청결, 존엄, 시설 유지보수 등 노동환경과 직접 연관된 작업장 관리 의무.
b. 회사 사업 부문의 진행 또는 유지관리를 위한 핵심적이고 항시적인 업무.
c. 직무상 실책 또는 관리 부재가 회사의 활동 및 운영을 중단시키거나 심각한 위해를 끼칠 수 있는 업무.

제69조. 표준노동계약

스튜디오 하프-보블은 세부코드를 통해 노동계약의 표준 형식을 정하고 이를 모든 직원에게 공고한다.

제70조. 수습 기간

① 모든 직원은 처음 고용된 이후 일정 기간의 수습 기간을 가질 수 있다. 회사는 수습 기간 중인 직원에게 회사 적응과 직무 이해를 위한 필수적인 교육을 제공해야 한다.

② 모든 직원은 수습 기간 종료 이전에 회사와의 합의를 통해 노동계약을 종료하고 퇴사할 수 있다.

③ 수습 기간 중인 직원의 임금 삭감은 인정하지 아니한다.

제71조. 특수한 시간대의 노동

① 연장 노동, 야간 노동과 휴일 노동은 가급적 피한다. 이는 상시적이지 않은 매우 특수하

채용 공고에 명시해야 한다.

제67조. 구직 지원자에 대한 대우

① 모든 구성원은 채용 과정 동안 구직 지원자를 구성원과 동등한 권리와 자아를 가진 인 민으로 대우해야 한다.

② 채용 과정이 완료되면 회사는 구직 지원자에게 선발되거나 선발되지 않은 합당한 이유를 개별적으로 설명해야 한다.

제68조. 고용 형태

① 직원의 고용은 전일제직원의 형태로 이루어짐을 원칙으로 한다. 다만 다음의 경우에는 계약직원의 형태로 고용할 수 있다.

   a. 직원의 요청에 의한 계약직원 고용.

   b. 직업교육이나 직업훈련을 목적으로 이루어지는 고용.

   c. 기한이 정해진 특정 프로젝트를 수행하기 위해 일시적으로 필요하나, 해당 프로젝트는 6개월 이상에 대시 발생되지 않을 것이 명백한 업무를 수행하기 위한 고용.

② 전항에도 불구하고 계약직원으로 고용된 사유가 1년 이상 지속된 경우에는 고용 형태를 전일직원으로 반드시 전환해야 한다. 다만 직원의 요청에 의해서만 계약직원의 고용 형태를 유지할 수 있다.

③ 전항에도 불구하고 다음에 해당하는 업무를 주요 직무로 맡은 직원은 반드시 전일직원

직원 고용 형태가 지속적이나 일시적이냐는 회사 운영의 지속성과도 관련된 중요한 문제입니다. 따라서 스튜디오 하프-보틀은 직원을 계약직원으로서 고용할 수 있는 없는 경우를 엄격하게 정하고 있습니다

② 직원을 공개 채용할 때에는 다음의 내용을 구체적으로 포함하여 적어도 7일 이상 공고 해야 한다. 비공개 채용의 경우에도 구직 지원자에게 이를 사전에 구체적으로 알려야 한다.

 a. 채용 인원.
 b. 입사 시 부여되는 직무 및 업무상 권한.
 c. 직무에서 필요하거나 중요하게 고려하는 업무 능력과 개인 특성.
 d. 지원자의 개인 특성에 따라 근무에 어려움이 발생할 수 있는 노동환경에 대한 고지.
 e. 노동계약의 기한, 수습 기간.
 f. 사회보험 가입 여부.
 g. 최초 임금의 최소·최대 예수 범위.
 h. 근무시간 및 근무지.

③ 직원 채용의 지원 자격에는 다음과 같은 것을 제한을 두지 아니한다.
 a. 성별, 가문, 국적, 정애, 인종, 고향과 출신, 가족 형태 및 상황, 임신 및 출산, 신앙, 성적 지향 및 정체성, 종교적 또는 정치적 견해.
 b. 연령 및 학력. 다만, 직무에 따라 대한민국 법률 또는 제도가 강제하는 자격 조건은 인정한다.

④ 진향에도 불구하고 특정한 고용장려제도의 지원을 받아 채용이 이뤄지는 경우, 해당 제도의 필요조건을 충족하기 위한 최소한의 자격요건을 둘 수 있다. 이때 해당 제도를

제64조. 사업 접근성과 '베리어 프리'

① 본 기분코는 제1장, 제3장의 기본권을 침해하지 않는 한, 모든 인민은 스튜디오 하-보-보물에게 사업을 의뢰하거나 협력을 요청하거나 그 결과물을 누리도록 접근할 수 있어야 한다.

② 특별히, 스튜디오 하-보-보물은 모든 인민이 신체장애 또는 정신장애에 의해 사업의 결과물에 접근하고 이용하는 데에 방해받지 않도록 보장해야 한다.

제65조. 사업 결과물의 공개

① 스튜디오 하-보-보물은 사업 부문과 사업의 결과물, 특히 표현물의 작업물을 빠른 시간 안에 대외에 공개하고 전파한다.

② 전항의 공개는 사업·작업 과정과 기여자를 함께 공개하며, 협업 집단으로서의 회사와 기여자 각 개인의 역할이 균형 있게 드러나야 한다.

제2절: 직원의 고용 및 노동 형태

제66조. 신규 직원의 채용

① 대표는 신규 직원을 채용할 때 공개 채용 여부, 채용 인원, 직무 배치의 계획을 구성원 총회에 보고하고 의결을 거쳐야 한다.

제7장 제2절에서는 회사의 누문 정책을 다룹니다. 채용 과정, 고용 형태, 임금 등의 노동 계약, 야간·휴일 노동 등의 초과근무, 고용 불평등 해소와 노동환경 건전 노동과 관련한 전반적인 정책의 원칙을 다룹니다.

우리 회사 헌법 만들기

⑥ 스튜디오 하프-보틀은 사업에서 발생하는 자연환경과 생태계의 파괴를 최소화하고, 불필요한 쓰레기와 낭비되는 에너지·자원이 발생하지 않도록 관리·감독한다.

제63조. 사업의 지속성과 축적성

① 스튜디오 하프-보틀은 각 사업 부문이 그 의정과 결과를 지속하도록 노력한다. 회사는 한시적이거나 일회성으로 진행되는 사업을 지양한다.

② 스튜디오 하프-보틀은 안정적인 지속이 가능한 수준으로 사업 부문의 규모를 유지해야 한다. 회사는 예상하지 못한 상황 때문에 사업을 축소하거나 중단하지 않도록 노력한다.

③ 스튜디오 하프-보틀은 사업을 통해 확보한 자원과 경험을 축적하고 다시 활용하여 해당 사업의 규모, 생산성과 사회적 영향력을 확대하도록 집중해야 한다.

④ 스튜디오 하프-보틀은 사업 결과의 질을 높이기 위해 해당 사업 모든 사업의 개별 프로젝트를 집약하는 시간과 자원을 점진적으로 늘리도록 한다.

⑤ 스튜디오 하프-보틀은 모든 구성원 및 업무계약에 따른 협업자에게 적항의 자원, 시간, 경험을 업무에 필요한 만큼 충분히 제공해야 한다.

⑥ 전항의 지속성과 축적성을 훼손하는 협업자에 대해 스튜디오 하프-보틀은 해당 협업자의 업무계약을 중단하거나 거부할 수 있다. 다만, 기준에 진행하던 업무는 자원을 원조하거나, 후임자가 이어받아 진행할 수 있을 만큼 정리하여 인수인계한다.

③ 스튜디오 하프-보틀은 시장지배와 경제력을 남용하지 아니한다. 회사의 사업은 구성원과 그 외 경제 주체가 조화롭게 고초하는도록 진행되어야 한다.

④ 스튜디오 하프-보틀은 노동과 창작의 대가로서 사업 수익을 공평하게 배분해야 한다. 부동산, 금융, 기반시설 임대·관리 등 과거에 축적된 자산을 이용하는 사업 부문이 기여는 기계평가하지 아니한다.

제62조. 사업과 사회의 관계

① 스튜디오 하프-보틀의 사업은 모든 인민이 인간다운 삶을 사는 데 필요한 교육, 학문, 기술, 의료 보건, 문화예술, 사회복지, 사회 활동의 발전에 기여해야 한다.

② 스튜디오 하프-보틀의 사업은 농림어업, 제조업, 서비스업, 공공서비스업 등 산업 전반의 조화로운 발전을 추구해야 한다.

③ 스튜디오 하프-보틀은 사업 부문과 무관한 산업 및 그 종사자의 권익이 특별히 보호되고 밖져지도록 노력한다.

④ 스튜디오 하프-보틀은 사업을 통해 중소 규모의 자영업·의료인, 사업을 진행하는 장소 인근의 지역주민·노동자의 특별한 권익에 협력한다.

⑤ 스튜디오 하프-보틀의 사업은 해당 사업 부문의 제회와 서비스로부터 소외된 지역과 특별히 긴밀하게 협력한다.

부록 2. 스튜디오 하프-보블 기본코드

⑥ 전항의 투표에서 과반수의 동의를 얻지 못한 중징계안은 즉시 철회되고, 대표는 이를 전체 직원에게 공표해야 한다. 제소자는 철회된 중징계안과 같은 사유로 다시 제소되지 아니한다.

제7장 제1절에서는 회사의 사업이 추구해야 하는 가치관과 방향성을 나열합니다. 앞서 "스튜디오 하프-보블 선언"에서는 사업을 통해 만들어서는 사업을 통해 만들 디지털 작품들에 대한 가치관과 방향성을 주로 이야기했는데, 여기에서는 사업을 진행하면서 이루어지는 거래, 고객관리, 행정 등에 있어서 추구해야 할 가치관과 방향성을 이야기합니다.

제7장. 기본 정책

제1절: 회사의 사업

제60조. 사업의 목적

① 스튜디오 하프-보블의 사업 부문은 제화와 서비스를 비롯한 표현물의 제작, 유통, 또는 이를 보조하거나 진흥하려는 목적을 가져야 한다.

② 스튜디오 하프-보블의 사업은 회사의 균형 있는 성장과 안정, 구성원의 적정한 소득 배분을 유지할 수 있어야 한다.

제61조. 사업과 경제시장의 관계

① 스튜디오 하프-보블은 구성원의 창의와 자유를 존중하고, 이를 바탕으로 경제시장에 서 활동 영역과 영향력을 확대해야 한다.

② 스튜디오 하프-보블은 사업 부문 시장 전체의 규모를 확대하고, 사업 부문에 참가하는

스튜디오 햅튼-브릴튼 중징계를 내리기 전에 반드시 구성원 전체에게 동의를 구하는 일종의 배심제를 가지도록 하고 있습니다. 이는 대표가 독단적으로 지나치게 무거운 징계를 내리지 않도록 하기 위함이며, 특히나 대표 개인에 반대하는 구성원의 생계를 타결을 추기 위한 보복성 징계를 막기 위한 장치입니다.

공표할 수 있다.

제59조. 중징계인에 대한 배심제

① 견책, 정직 및 해직에 해당하는 징계(이하 '중징계')는 아래의 절차를 거쳐 대표-제소인, 피제소인을 제외한 전체 직원(이하 '징계배심직원') 과반수의 동의를 얻어야 한다.

② 징계배심직원은 중징계인의 사유와 개요에 합리적 의심이 있거나, 징계 내용이 그 사유에 비해 과중할 경우 이를 반대해야 한다.

③ 대표는 심의를 통해 결정된 중징계인을 서면을 통해 징계배심직원에게 개별적으로 송시에 제출해야 한다.

  a. 징계 대상자.
  b. 징계 사유 및 관련 사건 개요.
  c. 징계 내용. (후속조치가 있으면 이를 포함한다.)

④ 징계배심직원은 중징계인이 제출된 지 24시간 이내에 대표와 피제소인에게 추가 소명을 1회에 한해 서면으로 요구할 수 있다. 대표와 피제소인은 소명 요구가 접수된 지 24시간 이내에 추가 소명을 징계배심직원에게 서면으로 제출해야 한다.

⑤ 징계배심직원은 모든 추가 소명의 원본 24시간 이후 72시간 이내에 무기명 비밀투표를 통해 중징계인 동의 여부를 투표한다. 이 투표에서 징계배심직원 과반수의 동의를 얻으면 중징계는 즉시 확정되고, 대표가 이를 전체 직원에게 공표한 순간부터 발효된다.

② 대표는 징계를 심의하기 위해 체소인을 대면하여 체소 사유 및 관련 사건 개요를 청취할 수 있다.

③ 대표는 체소 사유가 된 사건을 파악하고 의견을 청취하기 위해 참고인을 지정해 대면할 수 있다. 다만 구성원의 참고인 지정은 사건 내용 파악을 위해 불가피한 경우로 한정해야 한다.

④ 피체소인의 징계 사유 및 관련 사건이 대한민국 형사법을 위반하였을 가능성이 있는 경우, 대표는 대한민국 경찰과 검찰의 수사, 또는 국가인권위원회와 국민권익위원회의 징계를 의뢰할 수 있다.

제58조. 징계의 확정, 기각과 공표

① 대표는 심의를 통해 징계 내용이 확정되는 즉시 전체 구성원에게 다음을 공표해야 한다.

   a. 징계 대상자.
   b. 징계 사유 및 관련 사건 개요.
   c. 징계 내용. (후속 조치가 있으면 이를 포함한다.)
   d. 징계 발효 시각.

② 대표는 심의를 통해 체소 사유가 이유 없다고 판단할 경우 이를 기각할 수 있다. 대표는 체소인 및 피체소인을 공개하거나 특정하지 않는 범위에서 전체 구성원에게 징계 기각 사실 및 피체소인을 공개하거나 특정하지 않는 범위에서 전체 구성원에게 징계 기각 사실

징계를 심의하기 위해 사실관계를 조사하는 과정은 체소자 및 피체소자를 제외한 구성원에게 비밀로 해야 합니다. 이는 피해자 보호는 물론이고, 조사가 완료되기 전에 징계될 사실이 구성원 사이에 퍼져나가는 일을 막기 위해서입니다.

징계 절차는 크게 두 가지로 나누어서, 징계할 사실을 조사하고 심의하는 과정, 그리고 징계를 공지하고 확정하는 과정을 서술합니다. 제소된 사실에 대해 엄밀한 조사와 (피해자가 있는 사건의 경우) 피해자 보호가 동시에 이뤄지도록 하고, 징계를 고하는 과정에서 그 내용이 필요한 만큼 알려질 수 있도록 하는 내용으로 구성되었습니다.

제2절: 징계 절차

제55조. 징계 제소

① 구성원은 직원의 징계에 대해 제소할 수 있다. 제소는 대표에게 제소장을 제출함으로써 이루어진다.

② 제소 사유가 그 자체로 징계 사유가 아닌 것이 명백한 경우, 대표는 징계 심의를 시작하기 전에 이를 각하할 수 있다.

제56조. 징계 심의

① 대표는 제소장의 내용을 바탕으로 징계를 심의하고 징계 내용을 정한다. 대표는 심의 기간 동안 다른 구성원에게 심의 과정과 그 내용을 알리지 않을 의무가 있다.

② 대표는 징계 심의를 시작하는 즉시 제소인과 피제소인에게 이를 통보해야 한다. 대표는 제소인을 공개해서는 안 된다. 제소인과 피제소인을 제외한 구성원에게 통보해서는 안 된다.

③ 징계 심의가 진행 중인 피제소인은 퇴직할 수 없다.

제57조. 소명 청취와 대면 질의

① 대표는 징계를 심의하기 위해 피제소인을 적어도 1회 이상 대면하여 소명을 청취해야 한다.

부록 2. 스튜디오 하프-보트 기본코드

제53조는 징계의 종류를 무거운 순서에 따라 주의부터 해직까지 정의합니다. 회사인 정계는 구성원의 업무에 타격을 입히는 행위임을 감안하여 정계 단계별로 구성원에게 타격을 입힐 수 있는 정도를 제한하고 있습니다. 예를 들어 '정직 100년' 같은 수식 처분을 내려서 생계에 타격을 주지 말고, 정직 처분을 내릴 사안에 대해서는 담당하게 정직 처분을 내린다는 의미로 이해하면 되겠습니다.

제54조의 내용은 사내에서 정계를 받는다고 하더라도 한국 사법체계에서의 민사·형사소송은 그와 별개로 진행될 수 있다는 의미입니다.

---

c. 대한민국 헌법 및 법률을 위반하여 기본코드 제1장, 제3장의 기본권을 명백히 부정하거나 침해한 경우.
d. 기본코드 및 세부코드에 명시된 회사 운영 원리와 절차를 고의로 훼손/폐지하거나 이를 시도한 경우.
e. 기본코드 및 세부코드에 명시된 징계 사유에 해당하는 경우.

② 협력원은 구성원 총회의 의결에 따른 제명 이외의 방식으로 징계받지 아니한다.

제53조. 징계의 종류

① 징계는 주의, 경고, 감봉, 정직, 해직 중 한 가지 방식으로 이루어진다.
② 징계는 그 후속 조치로 징계 대상자의 적절한 교육과정 이수, 직무 직급 및 근무지의 변경을 포함할 수 있다. 이 후속 조치는 징계와 동시에 시행된다.
③ 어떤 구성원도 주의 징계를 이유로 임금, 직무 직급 및 노동조건의 불이익을 받지 아니한다.
④ 감봉과 정직의 기간은 6개월을 초과할 수 없다. 감봉 시에는 기존 임금 세전액의 30%를 초과하여 삭감할 수 없다.

제54조. 징계와 사법의 무관

피제소인이 받은 사내 징계는 대한민국 사법체계가 부과하는 민사·형사상 책임과 관련이 없다.

제6장은 구성원을 징계하는 것을 다룹니다. 구성원이 징계를 받게나 타격을 줄 수 있으므로 그 자체로 매우 위험할 뿐 아니라 (피해자가 있는 사건의 경우) 피해자를 보호하고 역할한 징계가 이루어도 하기 위해 사안에 대한 소문이 나지 않도록 해야 합니다. 따라서 징계 기구에 대한 내용은 미구 엄밀하고 탄탄한 구성 속에서 자세하게 쓰여야 합니다.

③ 총회에서 징계 구성원 과반의 동의로 대표 불신임 결의가 가결되거나 신임 결의가 부결될 경우, 대표는 14일 이내에 사임해야 한다. 가부동수일 때에는 대표가 신임받은 것으로 본다.

④ 불신임 결의로 사임한 전임 대표는 후임 대표 선거에 입후보할 수 없다.

제51조. 대표의 불소추특권

대표는 임기 중에 징계받지 아니한다. 다만 대표직을 사임하거나 임기 만료로 물러난 이후에는 대표 재직 중에 발생한 사유로 인해 징계받을 수 있다.

제6장. 징계기구

제1절: 징계의 정의

제52조.

징계 사항 및 대상

① 직원은 다음 각 호에 해당하는 행위에 대해 징계받을 수 있다.

a. 회사에서의 업무 행위, 업무의 결과물 또는 구성원에게 한 행위가 기본규칙 제3장의 기본권을 명백히 부정하거나 침해한 경우.

b. 회사 외부에서의 개인 행위가 기본규칙 제1장, 제3장의 기본권을 명백히 부정하거나 침해했으며, 이로 인해 회사의 활동 및 운영에 심각한 이해가 발생한 경우.

징계 사항과 대상을 정의합니다. 기본선을 침해하거나 회사 규칙을 심각하게 위반하는 경우를 신각하게 되는 경우를 포함시키되 그 내용을 최대한 엄밀하게 정의합니다.

우리 회사 헌법 만들기

부록 2. 스튜디오 하프-보틀 기본코드

제48조. 대표의 임기

① 대표의 임기는 3년이다. 연임의 제한은 두지 아니한다.
② 대표의 임기가 만료되는 경우 임기 만료 42일 전부터 28일 전 사이에 후임자를 선거한다.
③ 대표가 결위(闕位)된 경우 또는 당선자가 사망, 퇴사, 그 밖의 사유로 자격을 잃은 경우 30일 이내에 후임자를 선거한다.

제49조. 대표 권한대행

① 취임한 신임 대표는 대표가 결위되거나 질병/사고 등으로 직무를 수행할 수 없는 경우 그 권한을 대행할 직원 1인을 지정해야 한다.
② 대표가 사임하려고 하거나 질병/사고 등으로 직무를 수행할 수 없는 경우 대표는 그 사실을 전체 구성원에게 서면으로 통보해야 한다.

제50조. 신임 불신임 결의

① 전체 구성원 4분의 1 이상의 제안으로 대표의 불신임 결의안을 총회의 안건으로 상정할 수 있다. 대표는 불신임 결의안이 제출된 즉시 전체 구성원에게 서면 통보하고, 14일 이내에 총회를 소집해야 한다.
② 대표는 자신의 신임 결의안을 안건으로 상정할 수 있다. 신임 결의안은 다른 총회 의결사항의 가결·부결 여부와 연계할 수 없다.

대표가 직무를 수행할 수 없을 때 그 권한을 행사할 사람과 방법을 지정해야 합니다.

대표가 직무를 수행할 수 없을 때 그 권한을 행사할 사람과 방법을 지정해야 합니다.

스튜디오 하프-보틀은 구성원 과반수가 대표의 신임·불신임 의결에 따라 대표를 새로 선출하는 의원내각제적 요소를 도입했습니다. 이와 관련한 절차를 상세하게 설명합니다.

스튜디오 하프-보틀은 대표를 선호투표제 방식을 통해 구성원의 직접투표로 선출하는 대통령중심제 요소를 도입했습니다. 이와 관련하여 대표 선출 과정 및 선거 진행 방식을 자세하게 서술합니다.

제47조. 대표의 선출

① 대표는 전체 구성원의 보통·평등·직접·비밀 선거로 선출한다.
② 모든 구성원은 대표 후보자로 입후보할 수 있다. 다만 당선자가 협력회의 임기를 시작하기 전에 직원이 되어야 한다.
③ 대표 선출 선거는 다음 과정을 거치는 선호투표제로 진행한다.

   a. 선거권자는 후보자 전원에 대힌 선호 순서를 표기한다.
   b. 각 투표자가 기입한 1순위 후보의 표를 집계한다. 유효투표 총수의 과반수를 얻은 후보자를 당선자로 한다.
   c. 해당하는 당선자가 없으면 최저득표 후보자를 탈락하고, 그를 1순위로 기입한 표는 차순위 후보에게 분배하여 합산한다.
   d. 당선자가 나타날 때까지 이 과정을 반복한다.

④ 대표 후보자가 1명인 경우 후보에 대한 찬반투표를 진행한다. 전체 선거권자 과반의 찬성이 없으면 대표로 당선될 수 없다.
⑤ 모든 구성원은 선서 기간의 내부 후보 사이에 발의되는 죄시·명예훼손·이약의 저바 등 확인하고 집의힐 권리를 가진다. 이를 보장하는 방법은 대표선거법으로 정한다.
⑥ 이 외에 대표 선거에 대한 사항은 대표선거법으로 정한다.

부록 2. 스튜디오 하프-보틀 기본 코드

사항을 정할 때 대표중 중심적 요소와 의원내각제적 요소를 혼합했습니다.

제46조1항에서 대표의 권한을 직접 정의하고, 2항에서는 이 권한에 따른 업무를 다른 구성원과 분배할 수 있도록 정했습니다.

③ 대표는 회사 운영 방침에 대한 책임을 진다. 대표는 총회에 운영 상황을 보고하고 질의에 응답하며 불신임 내용을 따를 의무가 있다.

제46조.
① 대표는 세부 코드와 총회 의결에 따라 다음의 권한을 행사할 수 있다.
  a. 신규 직원의 채용, 직원의 직급을 결정할 권한.
  b. 회사를 대표해서 노동조합과의 단체협약, 개별 직원과의 노동계약을 맺을 권한.
  c. 회사를 대표해서 협력업체 또는 협력업이 아닌 대상과의 업무계약을 맺을 권한.
  d. 회사를 대표해서 대외 협정을 맺고 총회의 비준을 요청할 권한.
  e. 회사 사업 부문의 구체적인 사항을 총괄할 권한.
  f. 회사 운영 및 유지의 구체적인 사항을 총괄할 권한.
  g. 회사를 대표해서 회사 작업물 대외의 공표를 할 권한.

② 대표는 전항의 권한을 보좌하거나 이탁하는 업무를 직원 또는 협력원에게 부여할 수 있다. 다만 이는 직원 또는 협력원이 맺은 노동계약 또는 업무계약의 업무 범위일 본질적으로 침해하지 아니한다.

③ 대표의 권한은 사업자의 소유권과 독립되어 분리된다.

회사 내규가 회사의 한 부분이나 한국 법률체계를 위반해서는 안 되므로 한국 법률체계의 변화에 따라 회사 내규를 개정해야 하는지 정기적으로 살펴보아야 합니다.

제43조. 외부 법률에 의한 입법의 구속
① 대한민국 헌법과 법률, 회사의 기부코드에 반하는 세부코드는 인정되지 아니한다.
② 대표는 매년 1월 첫째 주와 7월 첫째 주에, 대한민국 헌법과 법률의 개정으로 인해 회사 세부코드가 이를 위반하는 사항을 확인해야 한다. 대표는 이를 정리하여 다음 총회의 소집을 통보할 때 세부코드 개정건의안과 그 이유를 첨부해야 한다.

제44조. 세부코드의 공개
임명된 세부코드는 물리적 형태의 문서 및 전자기록 형태로 누구나 체약 없이 열람할 수 있도록 보조해야 한다.

제5장. 행정기구

제5장은 회사의 행정기구, 특히 대표에 대해 정의합니다. 대표의 역할과 권한, 선출과 해임 등을 다룹니다. 조직의 규모가 그다지 내부 외에도 내부를 보장하여 회사 행정을 다루는 부서 조직을 헌법에 정의할 수도 있겠습니다. 스타트업 하프-보블은 대표에 관한

제1절: 대표

제45조. 대표의 역할
① 대표는 대외적으로 회사를 대표한다. 대표는 회사의 독립성과 계속성을 유지하고, 총회의 의결을 수행하며, 회사 기부코드를 준수할 의무를 진다.
② 대표는 회사 운영의 방침을 정한다. 대표는 총회 의결과 자신의 운영 방침을 실행하기

부록 2. 스튜디오 하프-보틀 기본코드

c. 직원의 노동, 학습, 생활을 장려하는 복리후생에 대한 규칙.
d. 정기적인 직원 평가에 대한 규칙.
e. 협력업과 회사의 표준계약 내용, 계약금 산정 규칙.
f. 노동조합과 회사의 단체협약 절차 및 규칙.
g. 회사 자본금 및 이익금의 적립과 운용에 대한 규칙.
h. 회사 재무·세무·재산·노무 관리 업무의 수행 또는 위탁에 대한 규칙.
i. 회사 사업부문의 신설 및 폐지.
j. 회사의 대외적 표준계약 내용, 계약금 산정 규칙.
k. 회사 작업물의 관리 및 대외 공표에 대한 규칙.
l. 총회 소집명, 대표선거비, 징계절차분.
m. 본 기본코드가 지정한 사항.
n. 그 외 대한민국 법률에 따라 사업자회가 명문화해야 하는 규칙.

② 구성원이 아닌 사업자와의 합의체 협약에 관한 협정, 외부 기구와 관련된 협정, 회사의 재정부분이나 세부코드의 개정 또는 구성원의 신분 변화를 일으키는 협정은 세부코드 일반의 형태로 구성원 총회의 비준을 받아야 한다.

제40조. 총회 표결과 의결

① 기본코드 또는 세부코드에 특별한 규정이 없으면 총회는 전체 구성원 3분의 2 이상의 구성원 수가 1~3명 수준으로 매우 적으므로 구성원 총회에서 의결하기 위한 정족수를 '과반 출석, 과반 찬성'이 아닌 '2/3 출석, 2/3 찬성'으로 정했습니다. 조직이 작을수록 구성원 전체의 합의를 이끌어내는 것이 중요하기 때문입니다.

② 총회의 표결은 회기 내에 총회 권한에서 이뤄짐을 원칙으로 한다. 다만 총회조직 밖에 따라 투표 기간을 한정한 온라인 투표를 예외적으로 진행할 수 있다.

③ 총회에 불참한 구성원은 총회조직 밖에 있다. 이 경우 어느 구성원도 2인 이상의 위임을 받아 대리투표를 할 수 있다, 이 경우 어느 구성원도 2인 이상의 위임을 받아 대리투표를 할 수 없다.

제41조. 구성원의 면책

구성원은 총회에서 한 발언 및 표결 때문에 징계받거나 총회 외부에서 책임을 지지 아니한다.

제2절: 세부코드 입법

제42조. 입법사항

① 구성원 총회는 다음 사항을 세부코드 입법을 통해 결정할 수 있다.

a. 직위의 인준, 누동시간, 휴가, 누동 형태에 대한 규칙.
b. 직원의 안정된 노동을 위해 필수적인 노동환경 조건 규칙.

제42조는 총회에서 다루는 입법사항을 제시하여 총회의 권한을 정의합니다.

e. 전시, 발표회, 교육, 대외 교류, 구성원 교류, 수상 공모 등 대내외 행사의 현황/결산/계획 보고와 결의음답.
f. 신규 직원 채용 의결.
g. 협력업의 신규 가입 승인 및 제명.
h. 대표의 신임/불신임 결의.
i. 대표가 대외적으로 회사를 대표하는 직간접적인 행위에 대한 감사 및 결의음답.

제38조. 총회 회기

① 총회의 회의는 회사 영업시간 중에 이뤄짐을 원칙으로 한다. 다만 회의의 안건으로 모두 의결되지 않으면 사회권자가 휴회 또는 회의의 연장을 선언할 수 있다. 휴회 시에는 속개 시간을 반드시 명시해야 한다.
② 회사 영업시간 중에 진행된 회기는 모든 구성원의 근무시간으로 인정한다.

제39조. 총회의 공개

① 총회의 회의는 공개한다. 다만 전체 구성원 4분의 3 이상의 동의로 비공개로 할 수 있다.
② 총회의 회의 내용은 전문을 기록하며 공개해야 한다. 다만 전체 구성원 4분의 3 이상의 동의로 공개하지 아니할 수 있다.
③ 총회 회의 내용 기록을 위한 속기사를 임시로 고용할 수 있다.

제36조. 총회 소집

① 총회는 각 년도의 1월부터 3월까지, 4월부터 6월까지, 7월부터 9월까지, 10월부터 12월까지의 기간 중 각각 적어도 1회 소집되어야 한다.

② 총회는 회사 대표 또는 전체 구성원 3분의 1 이상의 요구로 소집된다.

③ 기본코드 또는 세부코드에 특별한 규정이 없으면 대표는 총회 개최 14일 이전에 모든 구성원에게 총회 소집을 서면 통보한다. 구성원은 총회 개최 3일 전까지 참석 여부를 응답해야 한다.

구성원 총회가 실질적인 역할을 하려면 적어도 분기(3개월)마다 한 번은 열려야 한다고 판단하여 이렇게 정했습니다. 정기 총회의 적절한 주기는 조직마다 다를 수 있습니다.

제37조. 총회 안건

① 기본코드 또는 세부코드에 특별한 규정이 없으면 총회 안건은 대표의 제안, 3인 이상의 구성원 또는 전체 구성원 5분의 1 이상으로 상정된다.

② 총회 안건은 총회 개최 7일 전부터 9일 전까지 대표에게 서면으로 제안되어야 한다. 대표는 총회 개최 3일 전에 제안된 안건을 정리해서 모든 구성원에게 서면 통보한다.

③ 총회에서 다루어지는 의안은 다음과 같다.

a. 세부코드의 제정/개정/폐지.
b. 회사 사업 부문의 현황/결산/계획 보고와 질의응답.
c. 회사 운영의 현황/결산/계획 보고와 질의응답.
d. 회사 재정 상황 보고와 질의응답.

총회에서 다루어지는 안건을 제시하여 총회의 권한을 정의합니다.

부록 2. 스튜디오 하프-보틀 기본 코드

스튜디오 하프-보틀은 아직 구성원 수가 1~3명 수준으로 매우 적으므로 구성원 총회를 통해 의사결정을 하고 있습니다. 제4장에서는 구성원 총회의 권한과 절차, 회사 규칙('세부코드')의 입법에 대해 설명합니다.

제4장. 입법 및 의결기구

제1절: 구성원 총회

제34조. 총회의 역할

① 구성원 총회(이하 '총회')는 스튜디오 하프-보틀의 구성원 전원으로 구성하는 의결체로서 최고 의결기구다.

② 구성원 총회는 회사 코드를 입법한다. 총회는 회사 운영 전반을 평가하고 그 방향을 제시하도록, 의결한다.

제35조. 총회 사회권

① 대표는 총회의 사회권을 가진다.
② 대표의 신임 또는 거취와 관련된 안건이 총회에 상정되었을 경우, 대표는 해당 총회에서 사회권을 상실한다. 총회는 해당 총회의 사회권을 가질 자를 선출한다.
③ 대표와 임시위장은 총회에 상정된 안건이 충분히 공론화되도록 총회 개최 전후에 토론과 논의를 촉진할 책무를 진다.

현행 한국 노동법 체계에서는 인턴 노동자에 대한 보호가 부족하고, 차별이 있어나, 부분이 많습니다. 이런 부분에 대해서는 기본적 차해라고 보고, 회사가 발물의 규정에도 불구하고 인턴 노동자의 권리를 다른 노동자와 동등하게 보장겠다고 선언하는 내용입니다.

⑥ 스튜디오 허프-브루들은 일정한 기간마다 모든 직원에 대해 종합적인 평가를 진행한다. 이 평가의 기준과 시행 방법은 세부 코드로 정한다.

절대적 정량 지표로 사용되지 아니한다.

제33조. 교육받는 구성원의 권리

① 직업교육이나 직업훈련을 목적으로 고용된 구성원(이하 '인턴 구성원')은 그 이유로 임금, 노동조건 및 복리후생을 차별받지 아니한다.

② 스튜디오 허프-브루들은 인턴 구성원을 위한 교육과정을 수립하고 제공해야 한다. 인턴 구성원에게 부여되는 업무는 해당 교육과정이 일친이어야 한다. 교육과정이 갖출 조건은 세부 코드로 정한다.

③ 수습 기간 중인 직원은 그 이유로 임금, 노동조건 및 복리후생을 차별받지 아니한다.

④ 스튜디오 허프-브루들은 수습 기간 중인 직원에게 회사 적응과 업무 이해를 위한 필수적인 교육을 제공해야 한다.

부록 2. 스튜디오 히포-브릴 기본코드

③ 스튜디오 히포-브릴은 자아를 실현하고 노동조건을 개선할 수 있는 교육을 구성원에게 제공해야 한다.

④ 스튜디오 히포-브릴은 구성원이 부여받은 직무를 수행하는 데에 필수적인 교육을 무상으로 받도시 제공해야 한다.

⑤ 스튜디오 히포-브릴은 구성원의 상호학습과 교류를 촉진하기 위해 노력해야 한다. 이 활동은 구성원 개인의 참여를 강제하지 아니한다.

제32조. 평가받을 권리

① 모든 구성원은 자신의 창작물과 업무 수행을 다른 구성원에게 평가받을 권리를 가진다. 이는 구체적인 항목, 합당한 기준과 면밀한 분석을 바탕으로 한 구성원 간의 상호작용이어야 한다.

② 모든 구성원은 자신에 대한 평가 내용의 비밀을 침해받지 않을 권리를 가진다. 스튜디오 히포-브릴은 개인 평가 내용의 비밀을 적극적으로 보호한다.

③ 전항의 평가는 구성원의 노동, 창작, 연구, 자아실현 및 사회참여를 진종하고 장려해야 한다. 어떠한 평가 행위도 이를 일방적으로 침해하지 아니한다.

④ 모든 구성원은 전항의 평가를 진행하면서 개인의 특성, 양심, 세계관을 침해/억압하요/압박하지 아니한다.

⑤ 전항의 평가 내용은 임금, 노동시간, 직무 직급 및 기타 노동조건을 결정하는 상대적·

이익이나 늘물 향상을 위해서가 아니라 교육받는/평가받는 사람들의 성장을 위해서임을 명심하고, 개인의 자아나 인격이 침해되지 않도록 주의해야 합니다.

⑤ 스튜디오 하프-브틀은 모든 구성원이 충분한 휴식과 여가를 누릴 수 있도록 업무 외 고용을 조체해야 한다. 회사는 특별히 휴식과 여가를 침해하는 클라이언트의 업무 지시로부터 구성원을 적극적으로 보호할 책임이 있다.

제30조. 사회보장권

① 모든 구성원은 사회보험을 포함한 사회보장을 누릴 권리를 가진다.

② 스튜디오 하프-브틀은 구성원에게 사회보장과 관련된 정보를 제공하여 이에 가입하거나 이를 활용하도록 권장해야 한다. 특히 회사는 대한민국 법률에 따라 의무적으로 부과되는 사회보험의 정수와 실행을 방해해서는 안 된다.

③ 스튜디오 하프-브틀은 구성원의 안정된 생활을 위해 자체적인 사회보장제도를 운용할 수 있다. 이 제도는 구성원 개인의 참여를 강제하지 아니한다. 구체적인 내용은 세부 규정한다.

제31조. 교육권, 학습권

① 모든 구성원은 자아를 실현하기 위해 교육받고 학습할 권리를 가진다. 이는 일방향의 학습과 상호 학습을 모두 포함한다.

② 다른 구성원이 자아를 실현하도록 보호하고 교육하는 것은 모든 구성원의 중요한 권리이자 의무이다.

제1장 32조는 노동 현장에서 개인의 성정을 보장하기 위해 필요한 교육권, 학습권, 평가받을 권리를 명시합니다. 특히 이러한 권리를 보장하는 목적은 기업의 권리를 보장하는 목적적 기업의

우리 회사 헌법 만들기

부록 2. 스튜디오 하프-보틀 기본코드

② 스튜디오 하프-보틀은 구성원의 자유로운 노동조합의 결성, 가입 및 운영을 간섭하거나 방해하지 아니한다. 회사는 노동조합 가입 또는 활동 여부에 따라 구성원의 업무 및 노동조건에 차등을 두지 아니한다.

③ 스튜디오 하프-보틀은 노동조합과의 단체협약이 성실히 응하며, 협약 내용을 명문화된 세부코드로 반영하한다.

④ 구성원이 단체행동을 할 권리는 보장된다. 모든 구성원은 파업한 단체행동을 주도하거나 참여했다는 이유로 사내에서 징계받지 아니한다. 스튜디오 하프-보틀은 노동조합 또는 구성원에게 단체행동에 대한 손해배상을 청구하거나 이를 목적으로 하는 소송을 제기할 수 없다.

분쇄하는 결과를 가져오는 행동(노조 기업 구성원 차별, 손해배상청구소송 등)을 하지 않겠다고 약속합니다.

제29~30조에서 언급하듯, 각종 휴가권이 사회보장제도가 회사 안에서 실제로 작동할 수 있도록 보장해야 합니다. 특히 성별에 무관한 육아휴직 제도, 신체보험의 보조와 같이 한국에서 무시받기 쉬운 제도들 특별히 강조합니다.

제29조.

휴식권

① 모든 구성원은 휴식을 취하고 여가를 누릴 권리가 있다. 이 권리에는 노동시간을 적절한 수준으로 단축할 권리, 그리고 정기적인 유급휴가를 받을 권리가 포함된다.

② 모든 구성원은 휴식 및 여가에 자유롭게 활용할 권리가 있다. 이 활동은 이 기본코드의 절서 및 도덕률에 어긋나지 않는 한 간섭받거나 추적되거나 침해되지 아니한다.

③ 모든 구성원은 질병, 부상 및 신체의 고통으로 노동이 어려울 경우 일반적인 유급휴가 외에는 별도의 유급 병가를 받아 휴식을 취할 권리가 있다.

④ 스튜디오 하프-보틀은 자녀 양육 노동을 위해 필요한 구성원의 휴식과 여가를 성별과

제26~27조는 적정한 보수, 승진 기회 등 구성원의 권리와 직장 관련된 부분에서 합리적 기준을 마련하고, 실제 사례에서 그 이유를 설명해야 한다는 내용입니다.

제28조는 회사가 노동조합과 교섭하거나 노조의 행동에 대응할 때 노조의 활동을

제26조. 적정한 보수를 받을 권리

① 모든 구성원은 자신의 노동에 대한 적정한 보수를 정해진 시기에 받을 권리가 있다.
② 모든 구성원은 어떠한 차별도 받지 않고 노동에 대해 같은 보수를 받을 권리가 있다.
③ 스튜디오 하이브-보블은 진행되는 권리를 보장할 수 있는 고용, 임금 및 업무체계와 마련해야 한다, 이 체계는 대한민국 법률이 보장하는 노동자의 권리를 인정해야 한다.

제27조. 기회의 평등

① 모든 구성원은 자신에게 적합한 직무를 획득하거나, 적정한 상위 직급으로 승진할 동등한 기회를 가진다. 이 기회는 오로지 구성원의 능력이나 연공서열에 의해서만 결정된다.
② 모든 구성원은 자신의 직무 및 직급을 결정한 구성원에게 그 사유를 질의하고 답변을 들을 권리가 있다.
③ 스튜디오 하이브-보블은 모든 구직자에게 자신을 선발하거나 선발하지 않은 이유를 설명할 의무가 있다.

제28조. 단결권, 단체교섭권, 단체행동권

① 모든 구성원은 자신의 노동환경, 창작환경, 연구환경을 개선하고 자신의 이익과 사회적 발언권을 지키기 위해 노동조합을 결성하고 그것에 가입할 권리가 있다.

우리 회사 헌법 만들기

부록 2. 스튜디오 히포-보틀 기본 코드

예게 업무를 부여하거나 지시할 수 없다.

부록 2. 스튜디오 히포-보틀 기본 코드

제25조.

일할 권리

① 모든 구성원은 노동할 권리, 공정하고 유리한 조건으로 일할 권리, 그리고 실업 상태에 놓일 때 보호받을 권리가 있다.

② 스튜디오 히포-보틀은 구성원이 노동할 권리를 누리기 위해 업무를 제공할 의무가 있다.

③ 스튜디오 히포-보틀은 구성원이 공정하고 유리한 조건으로 일할 수 있도록 충분한 정보를 제공해야 한다. 이 조건은 명문화된 노동계약 또는 업무계약으로 규정되어야 한다.

④ 스튜디오 히포-보틀은 구성원이 안전하고 위생적이며 윤택한 환경에서 노동할 수 있도록 사업장을 관리하고 업무를 조정해야 한다.

⑤ 스튜디오 히포-보틀은 구성원이 신체장애, 정신장애 및 신체 특정 때문에 노동에 어려움을 겪지 않도록 사업장을 관리해야 한다.

⑥ 스튜디오 히포-보틀은 구성원이 자의 또는 타의에 의해 실업 상태에 놓일 때 그의 생활을 보호하기 위한 최소한의 편의를 사전에 제공해야 한다. 구체적인 내용은 세부코드로 정한다.

⑦ 모든 구성원은 전항들과 관련하여 개선할 점을 회사에 제안하고 요구할 권리가 있다.

구성원의 일할 권리를 보장하기 위해 회사가 이행할 수 있는 환경을 보장하는 내용입니다.

업 집단으로서의 회사와 각 구성원 개인의 역할을 함께 존중한다.

③ 모든 구성원은 자신의 직업에 대해 자신의 직업 내용과 직장 시설을 드러낼 권리를 가진다. 스트라이프들은 이 권리를 보장할 의무를 진다.

④ 모든 구성원의 자율적인 노동은 침해되지 아니한다. 본 기본조 제1장, 제3장의 기본권 침해하지 않는 한, 작업장에서의 일상적인 행동은 개별적으로 추적, 감시되거나 기록되지 아니한다.

제23~24조는 노동에서 개인의 존재를 드러내고 개인의 인격을 타인에게 침해받지 않는 것에 대한 내용입니다. 특히 24조에서는 의사결정과 업무 명령을 이유로 소위 '까라면 까' 라는 식으로 인격이 침해되는 경우를 다룹니다.

제24조. 의사결정과 업무 분담에서의 인격권

① 구성원은 업무와 회사 운영에서 상호 의사결정에 참여할 주체이다. 구성원은 의사결정권 유무와 무관하게 다른 구성원에게 일방적으로 명령할 수 없다.

② 구성원의 직무와 직급은 업무와 운영에서의 권한과 책임을 규정한다. 이는 구성원 사이의 계급이나 상하 관계를 나타내지 아니한다. 본 기본조로나 세부조에 의하지 않고는 어떤 구성원도 당사자의 동의 없이 권한과 책임을 전가하거나 이양하지 아니한다.

③ 구성원은 자신의 양심, 대한민국의 헌법과 법률, 또는 스트라이프들의 기본조와 세부조를 위반하는 업무를 거부하고 업무 조정을 요청할 권리가 있다. 업무를 제안한 구성원은 이 권리를 보호해야 한다.

④ 어떤 구성원도 자신의 사적인 생활이나 이익, 편의, 취향을 충족하기 위해 다른 구성원

우리 회사 헌법 만들기

회사가 회사의 일반원칙과 규범을 총칙의 따르는 사회의 구성원임을 밝힙니다.

제3장은 제1장에서 실패로 인류 공동체의 보편적 기본권을 확장하여, 특히 노동 현장에서 자아와 인격을 보호하고 개인이 성장할 수 있도록 지향하는 것과 관련한 기본권을 정의합니다.

이 관련 목적을 더욱 분명히 하기 위해 제22조에서 보편적 인권에 대한 내용을 한 번 더 언급합니다. 제3장의 내용은 경제적·사회적·문화적 권리에 관한 국제 규약을 참고했습니다. 여기에 더해 구성원들이 노동 현장에서

평일로부터 2년이 지나기 전까지 구성원 가입을 신청할 수 있다. 제명된 철회권의 구성원 재가입은 구성원 총회에서 전체 구성원 4분의 3 이상의 동의를 받아야 한다.

제21조.

법률적 일반원칙

스튜디오 하프-보블은 국제법, 대한민국 헌법, 그리고 대한민국 법률의 일반원칙을 따른다.

제3장. 노동과 관련한 구성원의 기본권

제22조.

보편적 인권의 사내 적용

① 스튜디오 하프-보블은 본 기본코드 제1장에 명시된 권리가 회사와의 모든 구성원이 누릴 보편적이고 마땅한 권리임을 확인한다. 스튜디오 하프-보블은 구성원의 이러한 권리를 보호하고 확대할 책임을 진다.

② 다음에 열거하는 구성원의 기본권과 의무는 회사의 운영 방침과 구성원의 행동 방침을 구속한다.

제23조.

노동에서의 인격권

① 모든 구성원의 노동은 신성하기에 존중받아야 한다.

② 스튜디오 하프-보블의 작업은 각 구성원의 일정한 기여로 탄생한다. 모든 구성원은 협

제19조1항c호에서 '협력원'에 대한 정의를 내립니다. 직원과는 달리 회사에 속해 있지 않지만 대신으로 하는 일을 좀 더 엄밀하게 정의를 내려야 합니다. 뒤에 나오는 협력원의 가입과 제명 절차 역시 입법안 심의가 필요합니다. 다른 회사의 경우 사업과 산업의 특성에 따라 '협력원'을 별도로 두지 않을 수도 있겠습니다.

c. 협력원: 2년 이내에 스튜디오 하포-보틀과 업무계약을 맺고 협업한 경험이 있고, 다음 요건에 해당되면서 구성원이 되기를 희망하는 개인, 개인사업자, 법인.

» 지금까지 스튜디오 하포-보틀과 3건 이상의 프로젝트에서 중합 이상 협업한 경우.

» 지금까지 스튜디오 하포-보틀과 총합 6개월 이상 협업한 경우.

※ 해당 개인이나 개인사업자가 과거에 직업이었던 경우, 누동계약을 맺은 근속 기간을 협업 기간에 포함한다.

(2) 스튜디오 하포-보틀은 사업장에 상주하는 노동자를 전임직원 또는 계약직원의 형태로만 고용할 수 있다. 이에 해당하지 않는 노동계약은 인정하지 아니한다.

(3) 구성원으로 인정되는 요건은 기본코드와 세부코드로 규정된 것 이외에는 어떤 상황에서도 구성원의 권리, 의무, 대우를 차별하는 요소로 인정치 아니한다.

제20조.

협력원의 가입과 제명

① 협력원의 요건을 갖춘 개인, 개인사업자, 법인은 자신의 희망에 따라 구성원 가입을 청할 수 있다. 이는 구성원 총회에서 전체 구성원 3분의 2 이상의 동의를 받아야 승인된다.

② 협업 기간의 시효가 소멸하여 자격을 잃은 과거 협력원은, 자격을 회부하고 가입을 신청할 경우 별도의 승인 절차 없이 가입할 수 있다.

③ 협력원의 제명은 전체 구성원 3분의 2 이상의 동의로 이루어진다. 제명된 협력원은 제

부록 2. 스튜디오 하프-브볼 기본코드

제18조3항의 권리를 '저항권'
이라고 부릅니다. 누군가가 한발
짝 서를 파괴하려고 할 때, 한발
짝 더라도 평화적 방법이
모두 실패하거나 가질되었을
때, 시민들은 이에 대해 무력을
통해서라도 저항할 권리를
가진다는 내용입니다.

제19조가 언급하는 '구성원'
은 '전임직원', '계약직원',
그리고 회사와 여러 협업
관계를 가지고 있으로서 관계가
지속되기를 바라는 회사 외부의
개인/개인사업자/법인('협력원')
을 포함합니다. 스튜디오 하프-
브볼 이름을 통해 회사의 사업,
작업과 운영에 기여하는 모든
당사자를 가급적 구성원에 모두
포함시킬 수 있도록 했습니다.

제18조. 회사 운영 원리

① 스튜디오 하프-브볼의 모든 세부코드 입법은 기본코드가 제시하는 절서에 구속된다.
② 스튜디오 하프-브볼의 모든 행정과 운영방침은 인류 보편의 기본권, 기본코드 및 세부 코드가 제시하는 절서에 구속된다.
③ 모든 구성원은 이상의 절서를 폐지하려는 자에 대해 다른 구제 수단이 불가능할 때는 저항할 권리를 가진다.

제19조. 구성원

① 스튜디오 하프-브볼의 구성원은 전임직원, 계약직원, 협력원으로 구성된다. '직원'은 전임직원과 계약직원을 모두 포함한다. 구성원이 되는 요건은 다음과 같다.

   a. 전임직원: 스튜디오 하프-브볼과 기한이 없는 근로계약을 맺은 노동자 개인.
   b. 계약직원: 스튜디오 하프-브볼의 업무 지시를 받으며, 다음 요건에 해당하는 노동자 개인.

   » 대한민국 「기간제 및 단시간근로자 보호 등에 관한 법률」 제2조에 의해 '기간제근로자' 또는 '단시간근로자'로 인정되는 노동자.
   » 대한민국 「파견근로자보호 등에 관한 법률」 제2조에 의해 '파견근로자'로 인정되는 노동자.

총칙이란 회사의 가장 기본적인 사항을 정의하는 부분입니다.

회사가 탄생한 원칙, 회사의 이름, 사업의 범위, 권력의 근원, 구성원, 외부 사회와의 관계를 정의합니다.

회사가 구성원의 지아와 얼리가 실현되는 공간이 되어야 한다는 책임을 지문으로 뒤에 나올 회사의 권력 운영과 정책이 필요한 단위성을 설명합니다.

제2장. 스튜디오 하프-보를 총칙

제16조. 회사의 정의

① 스튜디오 하프-보를은 시각화 작업을 기반으로 미디어(매체), 제품, 공간과 설치물, 캠페인, 사용자 경험, 그 외 각종 표현들을 제안하고 제작하고 유통한다. 표현들의 매체에 따른 구분은 지양한다.

② 스튜디오 하프-보를은 사회적이며 열리적인 사업체이다.

③ 스튜디오 하프-보를의 주권은 모든 구성원의 노동, 창작, 연구, 지아실현 및 사회참여를 위한 요구로부터 단생한다. 이 권력은 구성원의 도론과 의사소통, 선거와 투표, 그리고 기부코드에 명시된 회사의 작동 원리들을 통해 행사한다. 어떤 구성원도 나른 구성원의 이러한 요구를 일방적으로 침해, 팔하 또는 참정하지 아니한다.

제17조. 회사의 책임

① 스튜디오 하프-보를은 모든 구성원의 지아와 열리가 실현되기를 추구하며 모든 구성원의 삶에 대한 책임을 진다.

② 이를 실현하기 위해 스튜디오 하프-보를은 대한민국 법률이 인정하는 각종 법인의 형태로 전환함을 추구한다.

부록 2. 스튜디오 히포-보블 기본코드

여기서 말하는 '세부코드'란 회사 헌법의 이래에 있는 회사의 규칙들을 의미합니다. 회사 헌법 아래에 있는 규칙으로, 국가 헌법 아래에 있는 법률에 비슷합니다. 이를 통해 '세부코드'라는 이름은 스튜디오 히포-보블의 자체적으로 정한 것입니다.

회사가 어떠한 보편적 기본권에 대해 어떤 태도를 가지고 있는지 다시 한번 밝힙니다. 이를 통해 제1장의 내용이 회사와 어떤 연관이 있는지 명확해집니다.

제14조. 기본권 제한의 제약

① 기본권을 제한할 가능성이 있는 세부코드는 일반적으로 적용되어야 하며, 특정한 사인이나 인물에게 개별적으로 적용되어서는 안 된다.

② 어떤 상황에서도 기본권의 본질적 내용이 침해되어서는 안 된다. 본 기본코드의 내용은 어떤 경우에도 이 기본코드가 명시한 보편적 기본권과 자유를 파괴하도록 해석되지 아니한다.

③ 구성원은 자신의 권리가 회사에 의해 침해될 때에는 회사, 국가행정기관 또는 사법기관에 권리신판을 요청할 수 있다.

제15조. 스튜디오 히포-보블의 기본권 확인

① 스튜디오 히포-보블은 이 장에 나열된 권리가 모든 인민이 누릴 보편적이고 마땅한 권리임을 확인한다. 스튜디오 히포-보블은 구성원을 비롯한 모든 인민의 보편적 권리를 실현하는 것이 회사가 존재하고 활동하는 이유임을 확인한다.

② 스튜디오 히포-보블은 이 장에 나열된 의무가 모든 인민이 부담할 보편적이고 마땅한 의무임을 확인한다. 스튜디오 히포-보블은 구성원을 비롯한 모든 인민이 이를 실현하기 위해 노력할 특별히 보호하고 장려한다.

③ 스튜디오 히포-보블은 고유의 창작 작업과 노동운화를 정착시키고 활산시켜서 인류의 보편적 권리를 확대하고 더 많은 인민이 사회 속에서 이를 누리도록 선도한다.

④ 누구든지 자신의 이익을 지키기 위해 노동조합을 결성하고 그것에 가입할 권리가 있다.
⑤ 누구든지 휴식을 취하고 여가를 누릴 권리와, 이 권리에는 노동시간을 적절한 수준으로 단축할 권리, 그리고 정기적인 유급휴가를 받을 권리가 포함된다.

제12조.

① 누구든지 자신의 존엄성과 인격의 자유로운 발전에 필요한 경제적·사회적·문화적 권리를 누릴 자격이 있다.
② 누구든지 자신, 가족 또는 생활공동체의 건강과 안녕에 적합한 생활수준을 누릴 권리가 있다. 이러한 권리에는 음식, 의복, 주거, 의료, 그리고 생활에 필요한 사회서비스 등을 누릴 권리가 포함된다.
③ 누구든지 사회적으로서 사회보장을 받을 권리가 있다. 실업 상태에 놓였거나, 질병에 걸렸거나, 장애가 있거나, 생활 동반자와 사별했거나, 나이가 많이 들었거나, 그 밖에 자신의 힘으로 어쩔 수 없는 형편이 되어 생계가 곤란해진 모든 인민은 사회나 국가로부터 보호받을 권리가 있다.

제13조. 환경권

① 모든 인민은 각자의 건강을 존중하고 쾌적한 환경에서 생활할 권리가 있다.
② 모든 인민은 환경을 보존하고 개선하며, 자연적 거주지, 동식물과 그 생태계를 보호하는 데 참여할 의무를 진다.

부록 2. 스튜디오 히포-브블 기본코드

최소한의 범위에서만 지키는 것이 여기에 해당합니다.

제9조. 개인 영역과 정보의 보호

① 개인의 주거생활과 주거 영역, 직업장의 개인 영역은 침해되지 아니한다. 작업장 개인 영역의 수색 및 감시는 오직 내부민주법률을 통해서만 실행된다.

② 누구든지 자신을 나타내는 개인정보를 보호할 권리를 가진다. 스튜디오 히포-브블은 구체적인 목적으로 필요한 경우에만 최소한의 범위에서 개인정보를 수집하고 활용한다.

제10조. 노동과 교육의 자유

① 모든 인민은 직업, 교육, 작업장, 교육장을 자유로이 선택할 권리를 가진다.

② 일반적이고 모두에게 평등하며 본 기본코드의 질서에 반하지 않는 공공업무의 교육의 의무를 제외하고는 누구도 특정한 노동과 교육을 강요당하지 아니한다.

③ 스튜디오 히포-브블은 정향의 권리를 오로지 기본코드와 세부코드에 근거해서만 제한할 수 있다. 그러나 이 권리의 본질적 내용은 결코 침해할 수 없다.

제11조. 노동권, 휴식권

① 모든 인민은 노동할 권리, 자유롭게 직업을 선택할 권리, 공정하고 유리한 조건으로 일할 권리, 그리고 실업 상태에 놓였을 때 보호받을 권리가 있다.

② 모든 인민은 어떠한 차별도 받지 않고 같은 노동에 대해 같은 보수를 받을 권리가 있다.

③ 모든 노동자는 자신과 그 가족 또는 생활공동체가 인간적인 존엄을 지키고 살아갈 수 있도록 정당하고 유리한 보수를 받을 권리가 있다.

제5조4항은 특별히 구성원을
협요하거나 괴롭히는 등 보편적
기본권을 훼손하는 표현과
정보의 확산을 막기 위해
도입되었습니다. 표현과 정보
접근의 자유를 인정하되 그로
인해 발생한 기본권 침해손에 대해
단호히 대처하겠다는 뜻입니다

③ 모든 인민은 예술과 학문, 창작과 저작, 연구와 강의의 자유가 보장된다. 접업은 허용되지 아니한다.

④ 이 권리는 구성원이 본 기본코드에 충실할 의무로부터 면제되지 아니한다.

제6조. 생활공동체

① 누구든지 자유의사에 따라 결혼하거나, 가족을 이루거나, 독립 세대를 이루거나, 그 밖에 다른 생활공동체를 구성하고 유지할 권리를 가진다. 스튜디오 하프-보블은 개인의 생활공동체를 특별히 보호한다.

② 자녀를 비롯한 아동·청소년의 보호, 양육과 교육은 모든 보호자의 자연스러운 권리이자 최우선적인 의무이다.

제7조. 결사의 자유

① 누구든지 모임, 단체, 조합, 집회를 결성할 권리를 가진다.

② 누구나 어떤 모임에 소속되거나 소속되지 말 것을 강요당해서는 안 된다.

제7~9조의 내용은 이무 보편의
기본권에 더해서 성향력을
하는 공동체인 스튜디오 하프-
보블의 특이한 주의할 내용을 담고
있습니다. 모임에 소속되거나
소속되지 않을 것을 강요하지
않는 것, 개인 정보통신 비밀을
보호하는 것, 개인정보를

제8조. 정보통신의 비밀

서신, 우편, 전신, 통화 및 기타 정보통신의 침해되지 아니한다. 스튜디오 하프-보블은 개인 정보통신의 비밀을 적극적으로 보호한다.

부록 2. 스튜디오 하포-보블 기본코드

제3조3항 내용과 같이 제1장애서는 회사가 각 기본권을 지키기 위해 해야 할 의무와 노력을 계속해서 언급했습니다.

제3조.

권리의 평등

① 모든 인민은 법 앞에 평등하다.
② 모든 인민은 동등한 권리를 가진다. 누구라도 자신의 성별, 가문, 국적, 장애, 신체 조건, 인종, 언어, 고향과 출신, 가족 형태 및 상황, 임신 및 출산, 성적 지향 및 성 정체성, 학력, 직업, 고용 형태, 종교적 또는 정치적 견해 때문에 불이익을 받거나 우대받지 아니한다.
③ 스튜디오 하포-보블은 모든 인민에 대한 동등한 권리가 실체로 실현되도록 지원하고, 현존하는 모든 편견과 불이익을 제거하도록 노력한다.

제4조.

양심의 자유

① 신앙과 양심의 자유, 종교와 세계관에 대한 신조의 자유는 침해되지 아니한다.
② 모든 인민은 종교 활동의 자유가 보장된다. 누구도 종교 활동을 통해 다른 인민을 제약하거나 강제할 수 없다.

제5조.

표현과 정보의 자유

① 누구든지 자기 의사를 말, 글, 그림 및 기타 매체를 통해 자유로이 표현하고 전달할 권리를 가진다.
② 모든 인민은 일반적으로 접근할 수 있는 정보를 알 권리를 가진다. 누구도 이러한 정보에 접근하는 것을 방해할 수 없다. 스튜디오 하포-보블은 정보의 독점과 격차로 인한

스튜디오 하프-보블의 한 팀은 사회 일반의 보편적 기본권을 받아면서 시작됩니다. 이것은 인류 공동체가 반드시 지켜야 하는 내용으로서 회사 내부 규칙보다 앞에서 확인해야 하는 가장 중요한 내용이기 때문입니다. 스튜디오 하프-보블이 인류 공동체가 인정하는 기본권을 지키겠다 인지의 표현이기도 합니다. 이런 형식은 독일연방공화국 기본법의 구조를 참고했으며, 내용은 대한민국 헌법, 독일연방공화국 기본법, 프랑스 인권선언, 유엔 세계인권선언 등을 참조했습니다.

제1장. 사회 일반의 보편적 기본권

제1조. 인간의 존엄성

① 인간의 존엄성은 침해되지 아니한다. 스튜디오 하프-보블의 모든 권력은 받아들이 존엄성을 존중하고 보호할 의무를 진다.

② 스튜디오 하프-보블의 모든 구성원은 이 존엄성을, 고유하고 침해되지 않으며 양도할 수 없는, 세계의 모든 인류공동체 및 평화와 정의의 기초로 인정한다.

③ 다음에 열거하는 기본권과 의무는 스튜디오 하프-보블(이하 '회사')의 모든 운영 형식과 방침을 구속한다.

제2조. 인격권

① 다른 인민의 권리를 침해하거나 이 기본그의 질서 및 도덕률에 반하지 않는 한 누구든지 자기의 인격을 자유로이 실현할 권리를 가진다.

② 누구든지 생명권과 신체를 해손받지 않을 권리를 가진다. 신체의 자유는 침해되지 아니한다.

③ 누구도 고문 또는 잔인하고 비인도적이거나 모욕적인 처우 또는 처벌을 받아서는 안 된다.

부록 2. 스튜디오 하프-보틀 기본코드

제4장. 입법 및 의결기구
  제4장 제1절: 구성원 총회
  제4장 제2절: 세부코드 입법
제5장. 행정기구
  제5장 제1절: 대표
제6장. 징계기구
  제6장 제1절: 징계의 정의
  제6장 제2절: 징계 절차
제7장. 기본 정책
  제7장 제1절: 회사의 사업
  제7장 제2절: 직원의 고용 및 노동 형태
  제7장 제3절: 업무계약에 따른 협업
  제7장 제4절: 교육과 학습
제8장. 법인 전환, 합병, 분리 또는 해산
제9장. 기본코드와 강령의 개정

부록 2. 스튜디오 하프-보틀 기본코드

스튜디오 하프-보틀은 대한민국 서울에서 활동하는 그래픽디자인 스튜디오이며, '스튜디오 히프 보틀'을 비롯하여 회사인 한발에 인간과 보틀은 시각화 작업을 중심으로 각종 표현물을 제작하고 유통함으로써, 이름다움을 통해 인간과 대한 간단한 소개를 적었습니다. 자연, 사회와 문화예술이 진보하고 활장되며 공동의 이익을 누리도록 할 것을 다짐한다. 이 다짐을 실행하기 위해 스튜디오 하프-보틀을 다음과 같이 인민과 일하는 사람들의 기본권을 확인하고, 회사의 운영 원리를 세우며, 회사가 추구할 기본적인 경제 방향을 결정한다. 따라서 그 내용을 명문화하여 2019년 1월 26일부터 준용을 작성하고, 2019년 4월 7일 서울에서 이를 공포하며, 2019년 5월 20일 사업자의 설립과 함께 이를 발효한다.

목차

한번의 조항이 말을 경우, 문자를 / 앞에 적어두는 것이 좋습니다. 제1장. 사회 일반의 보편적 기본권
이 한법은 조문의 번호 매기는 / 제2장. 스튜디오 하프-보틀 총칙
순서를 장 > 절 > 조 > 항 > 호 / 제3장. 노동과 관련한 구성원의 기본권
목의 체계로 잡았습니다.

우리 회사 헌법 만들기

부록 1. 스튜디어 하프-브름 선언

2019년 5월 27일, 서울에서 작성하고 공포하다.

③ 이를 바탕으로 우리는 새로운 작업을 기획하고, 실현 방법을 탐구하며, 이를 구현하여 확산하는 데에 도움을 구할 것이다.

④ 우리는 구성원 모두가 이와 같은 창작과 연구에 매진하도록 진중하고, 그 내용을 발굴하여 사회에 전파할 것이다.

8. 우리는 작업을 통해 상대를 존중하고 스스로 존중받을 것이다.

① 우리는 모든 구성원과 협력업이 각자의 인격과 자아를 가졌음을 확인한다.

② 우리는 작업을 통해 인격과 자아를 실현하며, 이를 침해하거나 부정하려는 내외부의 위협을 단호히 막을 것이다.

③ 우리는 작업에서 도움을 준 모든 구성원과 협력업의 노동과 저작을 존중하고 이것이 충분히 드러나도록 앞장설 것이다.

④ 우리는 우리 자신의 노동과 저작과 그 작업의 출품물을 드러내고 이를 사회 속에서 인정받을 것이다.

⑤ 우리는 다른 사람의 노동이나 저작을 폄하하지 않고, 이를 정당하지 않은 방법으로 취하지 않을 것이다. 또한 우리의 노동이나 저작이 폄하되거나 훼손되지 않도록 적극으로 방어할 것이다.

⑥ 우리는 사회가 모든 노동과 선구성의 능력을 존중하고 합당한 내가를 지불하도록 끊임없이 주장하고 전파하며 선도할 것이다.

부록 1. 스튜디오 하코-브뤼 선언

채택되도록 권고할 것이다.

6. 우리는 높은 수준의 디자인과 철저한 작업 과정을 통해 사회적이고 공공적인 책임을 다할 것이다.

① 디자인의 사회성과 공공성은 뛰어난 수준의 시각화와 설득력, 그리고 이를 보장하는 안정적인 노동환경과 철두철미한 작업 구조로부터 탄생한다.

② 제아무리 작업물의 내용이 사회적이고 공공적이더라도 디자인의 관점에서 수준 낮은 작업물을 만들어서는 안 된다. 수준 낮은 디자인 작업물은 그 자체로 사회와 공공에 대한 해악이다.

③ 우리는 작업물의 콘텐츠 내용뿐 아니라 뛰어난 시각화와 설득력을 창출함으로써 디자이너로서 사회적이고 공공적인 책임을 다할 것이다.

④ 이를 수행하는 과정에서 얼개나 사회 차원의 변화가 필요한 경우, 우리는 변화를 촉구하고 그 방향성을 제시하여 사회적 논의를 활성화시키고, 이를 통해 사회적이고 공공적인 책임을 다할 것이다.

7. 우리는 작업을 통해 창작과 연구를 계발할 것이다.

① 우리는 창작의 새로운 방법과 수단을 적극적으로 발굴하고 정착할 것이다.

② 우리는 인문·자연·예술·사회·공학 등 각 분야의 학문을 탐구하고 연구하여 디자인 작업을 기획하고 제작하는 데에 적극적으로 활용할 것이다.

② 우리는 디자인 또는 예술과 무관하다고 여겨지는 사회 각계와 전문분야에서도 위와 같은 '이름다움'을 만들어내는 역할을 자임할 것이다. 이를 바탕으로 우리는 사회 속에서 디자인의 필요성을 폭넓게 인정받고, 사회 속에서 디자이너의 개념과 적용 범위를 확장할 것이다.

③ 우리는 사회 속에서 '디자인'으로 묶여 일컬어지는 분야ー그래픽·제품·일러스트·타이포그래피·편집·모션·건축·서비스·경험·이터페이스·아이덴티티·UX-UI 등ー가 매우 다양하며 각 세부분야가 각자의 독립한 고유성과 전문성을 갖고 있음을 충명하고 전파할 것이다.

④ 이를 바탕으로 우리는 디자이너 사회 각계 및 다른 전문분야와 지속적으로 협업하여 새로운 효과와 가치관을 창출하는 예시를 만들고 전파할 것이다.

5. 우리는 작업을 통해 인민의 노동 권리와 윤택한 생활을 실현할 것이다.

① 우리는 구성원이 그들의 노동과 그 결과물에 걸맞은 충분한 보수를 받도록 할 것이다.

② 우리는 불필요한 초과 노동을 배격하고, 불가피하게 발생하는 초과 노동을 최소화하는 여유 있는 작업 기간을 장착시킬 것이다.

③ 우리는 구성원과 협력업들이 윤택한 생활을 누릴 수 있도록 충분한 수익을 창출하고 이를 공평하게 분배할 것이다.

④ 위의 목표를 실현하기 위해 우리는 클라이언트를 포함한 모든 거래인에게도 여유 있는 작업 구조와 충분한 보수를 요구할 것이다. 또한 거래인 내부에서도 이러한 구조가 정

② 우리는 사회의 가치관을 드러내고, 실험하고, 확산하는 방법을 연구하고 고안할 것이다. 또한 그 방법을 디자인의 작업을 통해 실험할 것이다.

3. 우리의 작업은 프로젝트에 종속되지 않고 주도하는 디자인을 만들 것이다.
   ① 디자인은 특정한 콘텐츠와 기획이 실제로 사람들에게 드러나도록 설계하고 제작하는 과정이다. 디자인은 프로젝트를 통해 비로소 사용자와 상호작용할 수 있다.
   ② 따라서 우리는 특정한 프로젝트에서 디자인이 단순히 시각화하는 기계로 동원되기만 하는 것을 단호히 거부한다.
   ③ 우리는 프로젝트를 제안받을 때 이를 디자인의 측면에서 분석하여 더욱 탄탄한 기획으로 재구성하도록 제안할 것이다. 우리는 이 제안이 최대한 관철되도록 노력할 것이다.
   ④ 우리는 디자이너의 가치관과 관점으로 특정한 대상과 현상을 바라보며, 우리가 필요하다고 생각한 프로젝트를 주체적으로 먼저 제안하고 협력할 동료를 구해서 이를 실행할 것이다.

4. 우리의 작업은 사회 속에서 디자인의 개념과 작용 범위를 확장할 것이다.
   ① 우리는 디자인이 추구하는 '아름다움'(미학)의 영역을 확장할 것이다. 우리의 디자인 작업들은 단순히 시각적으로 예쁜 것을 넘어서, 탄탄한 논리와 구조, 감각적 자극, 문해적 맥락, 독창적 접점과 매체, 진실성 등을 총합적으로 갖춘 아름다움을 제시할 것이다.

선언의 3장에서는 스튜디오 하프-보틀이 추구하는 목표 여덟 가지를 제시합니다. 앞의 네 가지에서는 회사가 지향하고자 하는 작업의 성격과 형태를 제시하고, 뒤의 네 가지에서는 회사 시사업을 통해 구성원의 삶과 사회에 일으키고자 하는 변화를 서술합니다.

3. 스튜디오 하프-보틀이 추구하는 목표

스튜디오 하프-보틀은 독특한 방식으로 디자인을 제안하고 생산하며, 그러한 접근방식 속에서 디자이너들이 자신의 창작, 연구, 창작을 다양한 영역에서 자유롭게 실험하도록 할 것이다. 그 과정에서 우리는 다음과 같은 목표를 세우고 지금까지 실천할 것이다.

1. **우리의 작업은 감각으로 실구하는 디자인을 만들 것이다.**
   ① 우리는 디자인 작업을 통해 작업물에 담긴 내용뿐 아니라 그 내용과 가장 어우러지는 감각을 전달할 것이다.
   ② 우리는 본래의 콘텍스트에서는 사용자에게 전달하지 못하는 내용을 발굴할 것이다. 또한 일을 감각으로 전달하여 사용자의 이성과 대고 실득할 것이다.
   ③ 우리는 정렬하지만 무분별하지 않은 시각 요소, 감각과 노리를 지속적으로 자극하는 시각 요소, 그리고 이 모든 시각에 힘을 대해주는 다양한 감각과 경험을 만들 것이다.
   ④ 이를 통해 우리는 다음을 이룬할 것이다: 디자인 본체의 콘텐츠를 꾸며주는 부차적 요소가 아니며 디자인 자체가 모든 콘텐츠에 필수적이고 독립적인 그본 요소이다.

2. **우리의 작업은 가치관을 실천하는 방법을 찾는 디자인을 만들 것이다.**
   ① 우리는 디자인을 통해 사람들이 특정한 가치관을 감각과 노리로 체득할 수 있도록 사람들의 이성과 감성을 자극할 것이다.

부록 1. 스튜디오 하프-보틀 선언

지금까지 실패한 특질을 바탕으로 스튜디오 하프-보틀은 디자인과 디자이너의 새로운 역할을 찾고 스스로 존재 이유를 증명할 것이다.

여러 가지 가치관이 연대하고 경쟁하는 사회 속에서 디자인은 그 가치관을 표현하고, 드러내고, 실험하는 핵심적인 요소이다. 가치관은 디자인 없이 드러날 수 없고, 잘못된 디자인과 함께하면 도태된다. 따라서 디자인과 디자이너는 공공영역과 사적 영역, 사회와 개인 모두를 풍요롭고 윤택하게 만든다. 이 핵심적인 역할을 통해 디자이너는 주체적인 존재로서 역할을 마음껏 뽐내고 그에 합당한 사회적 대우와 경제적 풍요를 누릴 것이다.

다섯째, 사회와 학제와의 연구, 취재, 탐사, 토론을 촉진한다.

디자인 작업물은 글이나 통계나 수시만으로는 파악하기 어려운 단면을 드러낸다. 이는 사람들이 이 세계의 단면에 대해 분석, 묘사, 지지, 반박하도록 촉진한다. 자연스럽게 이는 사회와 학제와의 연구, 취재, 탐사, 토론을 촉진한다. 이 과정을 통해 사회는 더욱 풍부하고 다양한 가치관을 향유하고, 개인의 삶은 더욱 윤택하고 행복해진다.

사실 이러한 특징은 스튜디오 하프-보틀이 처음 발견한 것이 아니다. 오랜 디자인의 역사 속에서 디자이너는 사회 속에 일어나는 가지각색 경쟁과 인재난 함께했다.

과거 1920년대 바우하우스는 건축, 영상, 그래픽, 제품디자인을 통해 매시지와 양질의 기능을 대량생산하여 모든 인민에게 공평히 분배하려는 철학을 실험했다. 1970년대에는 이에 맞서야 리베티 타자기를 비롯한 화려한 색상과 축감을 적용한 제품디자인이 등장해서 소비자 개인의 개성과 다양성을 철학적으로 대변하기도 했다.

그런가 하면 1980년대에 피어난 생태주의적 제품디자인 방법론이나 규칙적 그리드를 탈피한 편집디자인은 서구세계 인간이 만든 '엄격한 원칙과 규칙'을 탈피하고자 했다. 반대로 2000년 내 이후에는 다양해진 매체, 시공간을 극복한 전 인류의 동시대화(being contemporary) 흐름 속에서 다양한 제품/시각 작업에 범용적으로 쓰일 수 있는 최소한의 디자인 문법 원칙을 갖춘 디자인 작업물이 등장하고 있다.

부록 1. 스무디아 함포-보를 선언

둘째, 이성과 감각, 정보와 논리를 넘나들며 성득력 있는 것을 수 있다.

단지 도덕적으로 옳거나 논리적으로 합당하다는 이유만으로는 가치관이 경쟁에서 생존할 수 있다. 한 사람에게 가치관을 알리고 설득하기 위해서는 그가 경험한 정보와 논리를 검증하고, 그가 느낄 이성과 감각을 조절하는 작업이 필요하다. 디자이너는 어떤 주장을 단순히 주장하는 것을 넘어서 이미지와 작업물을 통해 그 내용을 어떻게 전달하고 드러내낼지 고민한다.

셋째, 자연과 사회를 관찰하여 그 작동원리를 직관적으로 이해할 수 있다.

디자이너는 예민한 관찰력을 가진다. 이는 시각적인 예민함뿐 아니라, 다양한 물리적 감각을 느끼고, 사람과 자연과 사회를 관찰한다, 많은 사람들이 파악하지 못하는 사건과 현상을 발견하는 데에 예민하다는 의미이다. 세심한 관찰을 통해 디자이너는 자연과 사회의 작동원리를 직관적으로 이해할 수 있다. 이는 세로운 표현과 창작의 근원이 된다.

넷째, 노동자와 사용자, 기능과 경험, 지식과 인식을 서로 연결할 수 있다.

디자이너는 작가로서의 생각과 주장을 어느 정도 가지고 있다. 또한 자신의 작업물을 사용하거나 관찰한 사람들이 받을 느낌과 경험을 걸이 고민한다. 이처럼 모든 디자이너는 서로 반대편에 위치한 대상을 함께 고려하는 공감각을 가진다. 이는 인간성으로서의 공간 능력을 넘어서는 개념이다. 한 가지 작업물을 만드는 과정에서 디자이너는 노동자와 사용자, 기능과 경험, 지식과 인식을 함께 고려하여 서로 연결한다. 이를 통해 디자이너는 생소하고 실체로 구현하기 어려운 가치관이라도 일말들지 유기적으로 엮어서 전달할 능력을 갖추고 있다.

선언의 2장에서는 1장에서 언급한 위기를 해결할 돌파구를 제시하고 이 내용을 사람들에게 설득하려고 합니다. 디자이너의 노동이 사회 속에서 어떤 역할을 할 수 있는지 설명하고, 그 역할을 삶입하는 디자이너는 자신의 노동에 대한 합당한 대우를 사회에 요구할 수 있다고 주장합니다. 다시 말해 스튜디오 하프-보틀은 선언의 2장을 통해 회사의 고유한 디자이너의 노동방식을 설명하고 이것이 얼마나 훌륭한 것인지 홍보하고 있습니다.

2. 디자인의 위치, 디자이너의 위치

걷은 세상 속에서도 누군가는 반병이 비쳤다고 주장하고, 누군가는 반병이 남았다고 주장한다. 서로 다른 관점이 연대하고 경쟁하면서 세상이 움직이기에 관점을 드러내고 알리는 일은 모든 사람의 삶에서 아주 중요하다. 스튜디오 하프-보틀은 사회 속에서 일어나는 '가치관 경쟁'에 주목하고, 여기에서 디자인의 새로운 입지를 찾으려고 한다.

디자이너는 여러 가지 매체를 이용해서, 시각을 비롯하여 인간에게 인식되는 정보와 감각과 느낌을 제작할 수 있다. 이를 이용해 어떠한 현상이나 경험을 만들어 내는 것이 디자인이다. 이 특성을 이용하여 디자이너는 다음과 같이 사회에 다양한 영향력과 임팩트를 낼 수 있으며, 그 영향력을 드러내고 보여줌으로써 그에 합당한 대우를 사회에 요구할 수 있다.

첫째, 다양한 매체를 통해 적절한 방식으로 가치관을 표현하여 사회를 대변할 수 있다.

보통 사람들은 콘텐츠의 내용이 중요하다고 생각한다. 그러나 내용을 표현하더라도 그 내용을 담아내는 감각은 매체를 만들게 된다. 같은 내용을 표현하는 공간으로 만드느냐에 따라 내용을 받아들이는 정도가 달라진다. 같은 글을 쓰더라도 공간으로 만드느냐에 따라 내용을 받아들이는 정도가 달라진다. 같은 글을 쓰더라도 마카, 연필, 만년필 중 어떤 것으로 적느냐에 따라 그 의미가 달라진다. 디자이너는 이러한 가치관을 표현하는 내게 가장 적합한 매체와 적합한 방식을 찾아내는 노력이 있다.

부록 1. 스튜디오 하포-브블 선언

지금까지 부석한 현상은 디자이너와 디자이너의 역할을 크게 제한하고, 직업으로서 정당한 인정을 받지 못하게 하며, 디자이너가 스스로 자존감을 바라는 결과로 이어진다. 2010년대 후반 들어 인공지능 같은 자동화된 기계적 연산처리를 통해 시각 작업물을 만드는 도구들이 탄생하기 났은 자이너가 자기 직업의 존재 이유가 박탈되었다고 느끼며 다른 일거리를 찾기 시작했다. 우리는 지금, 디자이너가 할 수 있는 다른 역할을 상상하지 못하고 있다.

현대사회에서는 관문제가 획일적인 이름다움을 기획하고, 기계가 획일적인 이름다움을 찍어 내고, 자본이 획일적인 이름다움을 전시한다. 스튜디오 하포-브블은 이를 극복할 것이다. 우리는 이름다움을 재정의하고, 이를 사회의 여러 관점과 결합하여, 더 가치 분야와 매체를 통해 구체화하여 보여줄 것이다. 이를 통해 스튜디오 하포-브블은 디자이너의 역할과 사회 속 입지를 새로이 하고, 디자이너의 생존과 자존감을 확보하며, 이를 통해 사회가 양질의 디자인 작업물을 더 많이 다양하게 향유하도록 할 것이다.

그러나 역설적으로 모든 임원이 디자인을 중시하지만 디자인은 사회 속에서 독자적인 평가를 받지 못하고 그 역할이 치워진다.

결된 디자인은 좋은 기획을 돋보이게 함으로 만점자는 기획에만 주목하고 디자인 자체는 주목하지 않는다. 수많은 디자이너가 협업했음에도 불구하고 사람들은 기획에도 결된 디자인은 작업을 이 공로를 오로지 한두 명의 기획자, 또는 출결 디자이너에게 몰아준다.

반대로 저질의 기획에서 출발한 디자인 작업은 사람들에게 오로지 망가진 디자인 작업으로 드러날 뿐이다. 잘못된 기획은 그 잘못으로 망가진 디자인 뒤에 숨어버린다. 작업에 대한 비판은 기획자와 상위 고위층을 피해 가고, 그 기획을 억지로 시각화해야 했던 모든 디자이너에게 쏟아진다. 특히 사회에 해악을 끼친 작업의 비판은 디자이너와 디자인 업계 전체를 향하여 그들이 응당 책임져야 할 범위를 넘어선 수준으로 디자인 자체에 대한 냉소와 혐오를 일으킨다.

부록 1. 스튜디오 하프 보틀 선언

르케 만들 것이라고 기대한다. 사람들이 디자이너의 노동을 중히 여기고 디자이너의 실력이 대단하다고 인정할수록 되려 디자이너의 노동강도는 심해지고 노동의 대가는 적어지는 이상한 현상이 발생한다.

셋째, 디자이너가 콘텐츠를 직접 제시할 기회하는 사라지고, 도구를 다룰 기회만 부여받는다.

한 조직에서 디자인 작업을 많이 하게 되면 그 조직은 효율적인 분업이 이루어지도록 작업 과정의 역할을 세부적으로 나눈다. 디자이너는 설계와 기획의 영역에서 점차 벗어나고 누군가가 만든 기획을 실체로 제작하기 위해 도구를 쓰는 '툴러' 역할을 맡는다.

'툴러'는 매우 섬세한 감각과 정교한 기술 그리고 실제 작업물이 구현된 모습을 상상하는 직관이 필요하다. 이 작업 과정에서 '툴러'는 자기만의 기획과 콘텐츠를 제시할 힘을 얻는다. 하지만 그 능력은 분업화된 디자인 제작 과정 속에서 탈탈된다. 상부의 기획자와 충결 디자이너는 디자이너를 '자신의 기획을 구현하는 도구'로만 받아들이고 단지 기획을 실현하기 위해 그들의 기술과 시간을 사들일 뿐이라고 생각하기 때문이다.

이처럼 현대사회에서 하나의 디자인 작업물을 직접 기획하고 만들 기획가 박탈된 디자이너가, 스스로 연마한 여러 기술을 동원해서, 심한 노동강도와 적은 노동 대가를 견디고, 획일화된 기준을 감당하며 제작한 결과물이다.

165

그러나 이런 흠상은 세 가지 면에서 디자인과 디자이너에게 위기로 다가오고 있다.

첫째, 디자인이 모든 인민의 교양처럼 군어져서 작업물이 획일적으로 변한다.

모든 인민이 오랜 시간 동안 디자인의 제작 기술을 전문적으로 교육받을 수는 없다. 그러나 모든 인민이 디자인을 중요하게 여기기에 이들의 지적 호기심과 체성 능력을 키울 수 있는, 간단한 원칙과 기술 및 가치만을 알려주는 단기간의 교육이 많아질 따름이다.

디자인이 모든 인민의 되면서 사람들은 디자인의 몇 가지 원칙과 기술으로 집약되는 내용으로 받아들인다. 작원자의 감성자를 아우르는 사회 전반이 디자인을 그렇게 받아들일 때 사회는 몇 가지 원칙과 기술만을 적용한 획일적 작업들로 가득 찬다. 심성적이거나 정교한 장치를 담거나, 구체적인 고민을 품은 작업물은 많이 제작되지 못하고, 흥은 평가를 받기도 어려워진다.

둘째, 디자이너의 노동강도는 심해지고 노동의 대가는 적어진다.

이제 사람들은 양질의 디자인 작업을 곳곳에서 감상하면서 자기 조직과 업무에도 그와 같은 디자인을 적용하고 한다. 그러나 대부분의 사람들은 능력 있는 디자이너가 오랜 시간과 돈을 들여 만든 작업을 잠깐 스쳐 지나가며 들여다볼 따름이다. 다시 말해 이들은 디자인 작업을 만드는 노동과정을 알지 못한다.

따라서 그들은 자신이 본 첫과 같은 양질의 작업을 디자이너에게 요구하면서도 그 세부와 전문성을 고려하지 못한 채 디자이너가 어떤 작업이든 상관없이 '간단하게 쑥 그려서' '금방' 빠

부록 1. 스튜디오 하프-보틀 선언

1. 스튜디오 하프-보틀이 보는 사회와 디자인의 변화

인류가 공작된 발굴한 새천년의 기억이 희미해져가는 지금, 전 세계 곳곳의 사회에서는 디자인이 활약하고 있다.

19세기에만 해도 '디자이너' 직업은 무공소의 가구 만드는 장인, 인쇄소의 활판 제작자와 구분되지 않았다. 그러나 시간이 지나며 공장제 대량생산과 대량소비, 통신 및 배포 수단, 사진과 인쇄 매체, 새로운 물성의 재료, 기계적 연산처리 능력이 급격히 발달했다. 이와 맞물려 디자이너의 역할은 빠르게 팽창했다. 모든 인민(People)이 수없이 많은 종류의 물건과 정보를 스쳐 지나가는 지금, 이 현상에서 도태되지 않으려는 사람들은 디자인을 논한다. 이제 디자인은 초거대 다국적기업에서 동네 광공서에 이르기까지, 국가 정치지도자에서 은탁인 동아리 벽보에 이르기까지, 모든 조직과 모든 인민이 다루는 주제가 되었다.

선언의 1장에서는 스튜디오 하프-보틀이 생각하는 그래픽디자인 산업의 현황을 다룹니다. 현재 만들어지는 작업물의 형태와 작업 진행 방식이 디자이너에게 큰 위기로 다가오고 있으며, 디자이너가 자신의 문제를 직접 극복하기 위해 새로운 회사를 만들었다는 설명이자 다짐에 대한 내용입니다.

부록 1. 스튜디오 하프-보틀 선언 C3
1. 스튜디오 하프-보틀이 보는 사회와 디자인의 변화 C3
2. 디자이너의 위치, 디자이너의 위치 C8
3. 스튜디오 하프-보틀이 추구하는 목표 C12

부록 2. 스튜디오 하프-보틀 기본코드 C18
제1장. 사회 일반의 보편적 기본권 C20
제2장. 스튜디오 하프-보틀 총칙 C26
제3장. 노동과 관련한 구성원의 기본권 C29
제4장. 임금 및 의결기구 C37
제5장. 행정기구 C42
제6장. 징계기구 C46
제7장. 기본 정책 C51
제8장. 밉의 진환, 합병, 분리 또는 해산 C65
제9장. 기본코드와 강령의 개정 C66

우리 회사 헌법 만들기

이 책은 제주 과정에서
마포출판문화진흥센터
PLATFORM-P가 진행하는
크라우드펀딩 지원사업의 도움을
받았으며, 크라우드펀딩 플랫폼인
텀블벅tumblbug을 통해
출판에 필요한 비용을 후원받아
제작되었습니다.

펀딩 및 후원자의 관련한 내용은
이 책 앞표지의 판권면에
수록했습니다.

스튜디오 하프-보틀이
2019년에 제작한 헌법을 예시로
보여드리고, 한법 제작에 참고가 될 수
있도록 헌법의 구성과 각 조문에 대한
해설을 함께 엮은 입니다.

우리 회사 헌법 만들기

ISBN 979-11-969765-8-3 (종이책)
ISBN 979-11-969765-9-0 (eBook)

2021년 12월 27일 1판 1쇄

가격 14,400원

글   조현익
협력 편집   박소현
디자인   조현익 (스튜디오 하프-보틀)
인쇄·제책   필카뮤니케이션

펴낸곳   스튜디오 하프-보틀
www.half-bottle.studio
hello@half-bottle.studio
instagram @studio.half_bottle

출판등록   2019년 8월 14일, 제 2019-000228호

이 책은 〈저작권법〉에 따라 보호받는 저작물이므로
무단전재와 무단복제를 금합니다. 이 책 내용의 전부
또는 일부를 이용하려면 반드시 저작권자와 스튜디오
하프-보틀의 서면동의를 받아야 합니다.

부록: 스튜디오 하프-보틀 헌법

Studio Half-bottle